おいしく食べる新常識！

食品保存の早ワザ・裏ワザ

ホームライフセミナー〔編〕

青春新書
PLAYBOOKS

おいしく食べる新常識！「食品保存の早ワザ・裏ワザ」もくじ

プロローグ
鮮度をキープして、ムダなく使いきる！おいしく保存！　基本テクニック

- 冷蔵庫を上手に使おう　20
- 常温＆冷蔵保存のポイント　22
- フリージングのポイント　26
- 解凍のポイント　28
- ●保存ワザ・早見チャート　30

Part 1

肉の章
「豚薄切り肉・牛ステーキ肉・ひき肉・ベーコン…」
低温冷蔵＆急速冷凍でおいしさキープ！

- 肉をおいしく保存するポイント　32

牛肉・豚肉・鶏肉

- 薄切り肉（牛肉・豚肉）
  - 保存　重ねてラップし、低温室へ　34
  - 冷凍　一枚ずつ広げて冷凍する　35
- こま切れ肉・カルビ肉（牛肉・豚肉）
  - 保存　ポリ袋に入れて低温室へGO！　36
  - 冷凍　広げて、平らにして冷凍する　37
- 豚厚切り肉
  - 保存　みそ漬けで保存の裏ワザ　38
  - 冷凍　一枚ずつ包んでフリージング　38
- 牛ステーキ肉
  - 保存　ぴっちりラップでおいしさ封印　39
  - 冷凍　ラップして急速冷凍する　39
- 角切り肉（牛肉・豚肉）
  - 保存　「空気を遮断」がポイント　40
  - 冷凍　バラ冷凍が使いやすい！　40
- スペアリブ（豚肉）
  - 保存　ラップして低温室へ　41
  - 冷凍　バットに並べて急速冷凍！　41

3

鶏もも肉・鶏胸肉
- 保存 下味をつけて保存がおすすめ
- 冷凍 丸ごとでも切ってもOK … 42

豚かたまり肉
- 保存 ぴったりラップして低温室へ
- 冷凍 切り分けるか下処理して冷凍 … 44

鶏手羽先・鶏手羽元
- 保存 氷水で洗って臭みを取る
- 冷凍 バラ凍結か、ゆでてフリージング … 45

ひき肉（牛肉・豚肉・鶏肉）
- 保存 その日のうちに使うのが原則
- 冷凍 平らにして筋をつける裏ワザ … 46

鶏ささみ
- 保存 買ってきた日に食べよう
- 冷凍 筋を取ってフリージング … 48

レバー（牛肉・豚肉・鶏肉）
- 保存 日持ちしないのですばやく処理
- 冷凍 下処理してフリージング … 49

肉加工品
ベーコン
- 保存 開封後は酸化に注意！
- 冷凍 使いやすさがポイント！ … 50

ソーセージ
- 保存 ぴったり密封して冷蔵
- 冷凍 切り込みを入れておくのがコツ … 51

ハム
- 保存 ラップして冷蔵庫へ
- 冷凍 空気を遮断してフリージング … 52

Part 2 魚介類の章
「アジ・サンマ・サケ・イカ・エビ…」
このひと工夫で、ずっと鮮度バツグン！

魚介類をおいしく保存するポイント … 54

一尾魚
アジ
- 保存 エラ、ゼイゴ、腹ワタを取る
- 冷凍 生でも下味をつけてもOK … 56

イワシ
- 保存 手開きで保存が便利
- 冷凍 生でもすり身でもOK … 60

サンマ
- 保存 腹ワタを取って塩をする
- 冷凍 使いやすい切り方で冷凍を！ … 62

サバ
- 保存 下味をつけるのが基本 64
- 冷凍 塩をして酢でしめる！ 64

アユ
- 保存 鮮度がよいものは生でOK 65
- 冷凍 その日のうちに調理しよう 65

タイ
- 保存 三枚おろしに塩をする 66
- 冷凍 買ってきたらすぐ下処理を！ 66

カレイ
- 保存 切り身に塩をふって冷凍 67
- 冷凍 1匹なら切り身にする 67

ワカサギ・豆アジ・シシャモ
- 保存 生は腹ワタを出して塩をする 68
- 冷凍 粉をつけて冷凍がおすすめ 68

キス
- 保存 ぴったりラップで2週間 69
- 冷凍 腹ワタを出して開いておく 69

切り身魚

ブリ
- 保存 ラップして低温冷蔵が基本 70
- 冷凍 照り焼きの下味をつけて冷凍 70

カジキマグロ
- 保存 軽く塩をして水気をふく 71
- 冷凍 生でも下味をつけてもおいしい 71

サケ
- 保存 生サケは塩をふっておこう 72
- 冷凍 ラップして冷凍が基本 72

タラ
- 保存 水気をふいて塩をふる 74
- 冷凍 塩をするか加熱して冷凍 74

刺身

マグロの刺身
- 保存 残りそうなら「漬け」にする 76
- 冷凍 解凍ものは再冷凍に向かない 76

サーモン・白身魚の刺身
- 保存 サクも切ったものも当日食べる 77
- 冷凍 塩をふってフリージング 77

カツオの刺身
- 保存 低温冷蔵で当日に調理 78
- 冷凍 ラップで包んでフリージング 78

貝

アサリ・ハマグリ・シジミ
- 保存 砂抜きしながら冷蔵が正解 79
- 冷凍 殻付きは生で、むき身は加熱 79

魚介

ホタテ
- 保存 殻付きは塩水につけて冷蔵 80
- 冷凍 生でもボイルしてもOK 80

カキ
- 保存 塩水パックのまま低温冷蔵 81
- 冷凍 ボイルして冷凍が安心 81

イカ
- 保存 下処理しておけば使いやすい 82
- 冷凍 生でもボイルしても便利 82

エビ
- 保存 背ワタを除いて低温冷蔵 84
- 冷凍 生か塩をふってフリージング 84

タコ
- 保存 熱湯をかけておくともちがいい 86
- 冷凍 使いやすく切ってから冷凍 86

カニ
- 保存 生はすぐにゆでておこう 87
- 冷凍 丸ごとでも、ほぐしてもOK 87

魚加工品

干物
- 保存 1枚ずつラップしておこう 88
- 冷凍 アルミホイルで酸化防止 88

漬け魚
- 保存 1切れずつラップしておこう 89
- 冷凍 バットに乗せて急速冷凍！ 89

しらす干し
- 保存 ポリ袋で低温冷蔵がおすすめ 90
- 冷凍 保存用密閉袋なら使いやすい 90

タラコ・明太子
- 保存 ひと腹ずつラップしておく 91
- 冷凍 小分けフリージングがおすすめ 91

いくら・かずのこ
- 保存 生いくらはしょうゆ漬けにする 92
- 冷凍 ½腹ずつ包んで保存容器へ 92

ウナギ
- 保存 商品の賞味期限をチェック 93
- 冷凍 1枚ずつラップしておこう 93

スモークサーモン
- 保存 乾燥を防いで低温室へ 93
- 冷凍 1枚ずつ広げて冷凍しよう 93

練り製品
- 冷凍 ちくわ・かまぼこ・はんぺん・さつまあげ・カニかまぼこ 94

Part 3 野菜の章

「キュウリ・ナス・キャベツ・ダイコン…」
丸ごともカット野菜も
この裏ワザでフレッシュなまま！

野菜をおいしく保存するポイント 96

実もの野菜

キュウリ
保存 水気を嫌うので洗わず冷蔵 98
冷凍 塩もみすれば冷凍できる 98

ピーマン・パプリカ
保存 野菜室で冷蔵保存 99
冷凍 カットしてから冷凍する 99

ナス
保存 低温に弱い！生か下ゆでして 100
冷凍 加熱すれば冷凍も可能 100

トマト・ミニトマト
保存 ヘタを下にして野菜室へ 102
冷凍 生で冷凍し1か月は保存可能 102

ブロッコリー・カリフラワー
保存 固ゆでして冷蔵してもOK 104
冷凍 冷凍前に水気を切るのがコツ 104

カボチャ
保存 種とワタが傷みやすいので注意 105
冷凍 用途に合わせて冷凍保存 105

トウモロコシ
保存 鮮度が命！早く食べよう 106
冷凍 下ゆでしておいしさキープ 106

ゴーヤ
保存 ぴったりラップして野菜室 107
冷凍 さっとゆでて冷凍がおすすめ 107

ズッキーニ・とうがん
保存 カットしたら野菜室へ 108
冷凍 ズッキーニはゆでて冷凍 108

オクラ・シシトウ
保存 乾燥させないのがポイント 109
冷凍 生はダメ。ゆでてフリージング 109

葉もの野菜・茎野菜

ほうれん草・小松菜
保存 湿らせた新聞紙で包んで保存 110
冷凍 固めにゆでてフリージング 110

春菊・水菜
保存 ポリ袋に入れてシャキッと保存 111
冷凍 下ゆでして冷凍が原則 111

菜の花
- 保存 下ゆでして食べ頃をキープ 112
- 冷凍 固めにゆでておいしく冷凍 112

チンゲンサイ
- 保存 水気をふいて立てて保存 113
- 冷凍 ゆでればフリージングOK 113

キャベツ
- 保存 丸ごと保存が長持ち！ 114
- 冷凍 生・下ゆでとも冷凍できる 115

白菜
- 保存 立てて冷蔵すれば長持ち 116
- 冷凍 ゆでてフリージングが便利！ 117

レタス・サラダ菜・サニーレタス
- 保存 小麦粉でパリッとおいしく 118
- 冷凍 さっとゆでてフリージング 118

グリーンアスパラガス
- 保存 立てて保存で鮮度を保つ 119
- 冷凍 固めに加熱してフリージング 119

セロリ
- 保存 葉と茎を分けるのが秘訣！ 120
- 冷凍 冷凍すれば1か月OK 120

ニラ
- 保存 水にさして鮮度をキープ 121
- 冷凍 生のままフリージングOK 121

クレソン・セリ
- 保存 刻めば冷凍もOK！ 122
- 冷凍 すぐにゆでるのが原則 122

タケノコ
- 保存 細かく刻んで冷凍が美味 123
- 冷凍 さっとゆでるのがコツ 123

モロヘイヤ
- 保存 ゆでてゆでるのがおすすめ 124
- 冷凍 水分を与えておいしく保存 124

うど
- 保存 野菜室に立てて保存がいい 125
- 冷凍 下ゆでしてフリージング 125

ふき
- 保存 ゆでて冷蔵で便利 125
- 冷凍 下ゆでしてから冷凍する 125

モヤシ
- 保存 空気に触れさせないのがコツ 126
- 冷凍 固ゆでしてシャキ感をキープ 126

8

根もの野菜

スプラウト（かいわれ大根など）
保存 パックのまま冷蔵室でOK
冷凍 さっと下ゆでしてフリージング 127

タマネギ
保存 風通しが長持ちのポイント 128
冷凍 下ごしらえをかねて加熱を 128

ニンジン
保存 野菜室に立てて入れよう 129
冷凍 カットすれば生の冷凍もOK 129

ダイコン
保存 葉はすぐ落として立てて保存 130
冷凍 生はおろしてフリージング 131

カブ
保存 葉と茎を分けて野菜室へ 132
冷凍 塩もみか下ゆでフリージング 132

ゴボウ
保存 泥つきのほうが長持ち！ 133
冷凍 生はダメ。炒めて冷凍を！ 133

レンコン
保存 乾燥を防いで保存しよう 134
冷凍 薄切り冷凍ならシャキシャキ！ 134

クワイ
保存 乾燥を防いで野菜室へ 135
冷凍 下ゆでして冷凍で2週間OK 135

ゆり根
保存 おがくず入りがベスト 135
冷凍 下ゆですれば冷凍できる 135

イモ類

ジャガイモ
保存 冷蔵せずに常温で！ 136
冷凍 マッシュすれば冷凍も可 136

サツマイモ
保存 低温をさけるのがコツ 137
冷凍 輪切りで加熱か、マッシュして 137

サトイモ
保存 湿気をさけて冷暗所へ 138
冷凍 ゆでて冷凍するのが正解 138

ヤマイモ・ヤマトイモ
保存 使いかけは冷蔵して早めに！ 139
冷凍 すりおろしや細切りが便利 139

マメ類

枝豆
保存 すぐにゆでるのがおすすめ 140
冷凍 固めに塩ゆでして冷凍 140

絹さや
冷凍 ポリ袋で乾燥を防止
保存 固ゆで冷凍なら少しずつ使える 141
141

さやいんげん
冷凍 ラップに包んで冷蔵
保存 バラ凍結がポイント 141
141

グリーンピース・スナップエンドウ
冷凍 低温をさけて野菜室へ
保存 塩ゆでして水気をふいて冷凍 142
142

そら豆
冷凍 生よりゆでて保存が正解！
保存 新鮮なうちにゆでて冷凍 143
143

香味野菜

長ねぎ
冷凍 かならず立てて保存しよう！
保存 いろいろな切り方で冷凍 144
144

万能ねぎ
冷凍 そのままでも切ってもOK
保存 すぐに使える冷凍が便利 145
145

しょうが
冷凍 乾燥させなければ長持ち
保存 丸ごとでもスライスしてもOK 146
146

ニンニク
冷凍 湿気が苦手なので風通しよく
保存 風味も変わらず冷凍向き 147
147

シソ
冷凍 水分を保つのがポイント
保存 1枚ずつ冷凍できる 148
148

パセリ
冷凍 水にさせば新鮮なまま！
保存 刻んでフリージングが便利 149
149

ワサビ
冷凍 湿度で風味と辛味を保つ
保存 丸ごと冷凍が便利 149
149

みょうが
冷凍 早めにおいしく食べきる
保存 小口切りで急速冷凍 150
150

三つ葉
冷凍 水分補給でパリッと保つ
保存 長期保存は冷凍で 150
150

ハーブ
冷凍 生の香りをポリ袋でキープ
保存 そのまま冷凍もOK！ 151
151

きのこ

えのきだけ
保存 パックのまま野菜室へ！ 152
冷凍 生でも加熱しても冷凍OK 152

しいたけ
保存 石づきを上にして容器へ 153
冷凍 丸ごと冷凍で簡単！ 153

しめじ
保存 低温は不向きなので野菜室へ 154
冷凍 固ゆでで冷凍しよう 154

まいたけ
保存 湿らせないよう注意！ 155
冷凍 冷凍保存で料理に便利 155

エリンギ
保存 湿らせない工夫で長持ち！ 155
冷凍 薄切りするだけでOK 155

なめこ
保存 冷蔵は早めに食べきること 156
冷凍 そのまま冷凍OK 156

マッシュルーム
保存 生やマリネで冷蔵 156
冷凍 炒めて冷凍がおすすめ 156

Part 4 果物の章

「いちご・みかん・リンゴ・バナナ…」
この保存の新常識がおいしさの秘訣！

果物をおいしく保存するポイント 158

温帯の果物

いちご
保存 洗わずにそのまま冷蔵がコツ 159
冷凍 冷凍すれば2〜3週間OK！ 159

柿
保存 ヘタを上にして常温が基本 160
冷凍 自然解凍でデザートに 160

キウイフルーツ
保存 低温なら長期保存できる！ 161
冷凍 カットして冷凍する 161

ブルーベリー
保存 冷蔵なら早めに食べきる 161
冷凍 生でもソースでもOK 161

サクランボ
保存 早めに食べきるのが原則 162
冷凍 凍ったままデザートに！ 162

なし
- 保存 乾燥させないのがポイント 162
- 冷凍 なしシャーベットがおいしい！ 162

グレープフルーツ・オレンジ
- 保存 常温保存で1週間OK！ 163
- 冷凍 1房ずつ冷凍がポイント 163

みかん
- 保存 ときどき並べかえよう！ 164
- 冷凍 冷凍みかんがおいしい！ 164

ブドウ
- 保存 冷蔵保存で早めに食べきる 165
- 冷凍 バラ凍結でシャーベット風 165

メロン
- 保存 熟したら冷蔵庫へ！ 166
- 冷凍 カットして冷凍がおすすめ 166

すいか
- 保存 洋酒で香りづけしてもOK 166
- 冷凍 カットしたら冷蔵しよう！ 166

モモ
- 保存 食べる直前に冷やす 167
- 冷凍 シロップ煮にして冷凍を 167

ビワ
- 保存 常温保存がおいしい 167
- 冷凍 生は不向きなのでコンポートに 167

アボカド
- 保存 真夏以外は常温保存で 168
- 冷凍 レモン汁で変色を防ぐ 168

レモン・ユズ
- 保存 乾燥を防ぐのがポイント 169
- 冷凍 皮と果汁を冷凍して活用 169

リンゴ
- 保存 長期保存は涼しい場所で 170
- 冷凍 すりおろして冷凍が正解 170

栗
- 保存 長期保存はひと手間かけて 171
- 冷凍 ゆでて冷凍が使いやすい 171

熱帯の果物

バナナ
- 保存 常温でつるして保存がベスト 172
- 冷凍 カットして冷凍なら1か月OK 172

マンゴー
- 保存 常温保存で追熟させる 173
- 冷凍 カットして冷凍がグッド！ 173

Part 5 主食・卵・乳製品の章

「ごはん・パン・めん・牛乳・ヨーグルト…」
秘密の冷蔵&冷凍テクで、おいしさグンとアップ！

主食

ごはん
- 冷凍 ジャーでの保存は短時間に 炊きたてをフリージングが正解 176
- 保存 密閉容器に移して冷暗所へ 176

米
- 保存 密閉容器に移して冷暗所へ 178

もち
- 冷凍 ラップして冷凍で1か月 179

パン
- 保存 冷蔵は味が落ちるので常温で ラップして保存用密閉袋へ 180
- 冷凍 ラップして保存用密閉袋へ 180

ゆでめん・生めん
- 保存 ラップして冷蔵で4～5日 182
- 冷凍 ラップ＋保存用密閉袋で1か月 182

乾めん
- 保存 湿気をさけて冷暗所へ 183
- 冷凍 ゆでたらフリージング 183

おにぎり・焼きおにぎり
- 保存 ラップして冷蔵で2日 184
- 冷凍 小さめに握るのがポイント 184

いなりずし・五目ずし
- 保存 翌日までに食べきる 184
- 冷凍 小分けしてラップしておく 184

チャーハン・炊き込みごはん
- 保存 乾燥させないように冷蔵 185
- 冷凍 1食ぶんずつ小分けで1か月 185

お好み焼き
- 保存 余ったらラップして冷蔵 185
- 冷凍 そのままフリージングがおすすめ 185

卵・乳製品

卵
- 保存　とがったほうを下にして冷蔵 186
- 冷凍　卵白は生でOK。全卵は溶く 186

牛乳
- 保存　冷蔵保存で早めに飲みきる 188
- 冷凍　ホワイトソースに加工する 188

生クリーム
- 保存　ドアポケットに入れないで冷蔵 189
- 冷凍　泡立ててフリージング 189

バター・マーガリン
- 保存　ラップで酸化を防ごう 189
- 冷凍　バターは小分け冷凍が便利 189

チーズ
- 保存　乾燥を防いで低温冷蔵がベスト 190
- 冷凍　ピザ用や粉チーズなら冷凍OK 190

ヨーグルト
- 保存　低温室で冷蔵するのがベスト 190
- 冷凍　フローズンヨーグルトが美味! 190

Part 6　加工食品・乾物・おかずの章
「豆腐・昆布・ひじき・ハンバーグ・カレー…」この保存法ならスピード調理もカンタン！

豆腐
- 保存　塩を入れて保存の裏ワザ 192
- 冷凍　高野豆腐風の食感を楽しむ 192

油あげ
- 保存　冷蔵保存で3〜4日OK 193
- 冷凍　風味が変わらず冷凍向き食材 193

厚あげ・がんもどき
- 保存　そのまま冷蔵で3〜4日 194
- 冷凍　ラップして急速冷凍ならOK 194

おから
- 保存　傷みやすいので低温室へ 195
- 冷凍　から炒りして冷凍がおすすめ 195

大豆・あんこ
- 保存　ゆでた豆はゆで汁を切って冷蔵 195
- 冷凍　小分けしてフリージング 195

納豆
- 保存　冷蔵保存で1週間OK 196
- 冷凍　冷凍で風味を閉じ込める 196

14

酒かす
- **保存** 乾燥させないのがポイント 196
- **冷凍** 小分けしておくと使いやすい 196

漬け物
- **保存** 市販のパックの水を捨てない 197
- **冷凍** 凍らせると食感が変わる！ 197

コンニャク・しらたき
- **保存** 低塩のものは保存期間が短い 198
- **冷凍** 水分をきって小分けにする 198

缶詰・ビン詰
- **保存** 賞味期限の読み方をマスター 199
- **冷凍** 開封後は冷凍がおすすめ 199

乾物

乾物全般
- **保存** 湿気と高温をさけ冷暗所で1年 200
- **冷凍** そのまま保存用密閉袋へ 200

のり
- **保存** 缶やビンに入れておこう 201
- **冷凍** 袋ごと保存用密閉袋に入れる 201

ひじき
- **保存** 湿気を防いで冷暗所へ 201
- **冷凍** 戻してフリージングが便利 201

切り干し大根
- **保存** 黄色く変色しやすいので冷蔵を 202
- **冷凍** 戻して食べやすく切って冷凍 202

高野豆腐
- **保存** 常温か冷蔵で保存する 202
- **冷凍** 戻したり、含め煮で冷凍する 202

干ししいたけ
- **保存** 選ぶときは色を見極めて 203
- **冷凍** 戻し汁と分けて冷凍 203

春雨・ビーフン
- **保存** 常温保存で1年OK 203
- **冷凍** 戻してフリージングが便利 203

その他の乾物の保存法
けずりぶし・昆布・かんぴょう・煮干し・キクラゲ・ワカメ・干しエビ・麩 204

おかず

冷凍食品
- **冷凍** 冷凍庫で2～3か月が目安 205

レトルト食品
- **保存** 常温で賞味期限内に食べる 205
- **冷凍** 残ってしまったら冷凍もあり 205

ハンバーグ
保存 焼いたり揚げて冷蔵する
冷凍 ミートボールやメンチにアレンジ 206
206

トンカツ・コロッケ
保存 ペーパーで包んで冷蔵 207
冷凍 衣をつけて冷凍なら2週間 207

鶏のから揚げ
保存 下味をつけた状態で翌日まで 208
冷凍 揚げて冷凍して調理に工夫 208

ギョウザ
保存 包まずタネで冷蔵する 209
冷凍 包んですぐにバラ凍結がいい 209

シュウマイ
保存 残ったら密閉容器で冷蔵する 210
冷凍 バットに並べてフリージング 210

カレー・シチュー
保存 冷蔵庫で保存しよう 211
冷凍 ジャガイモはマッシュする 211

肉じゃが
保存 密閉容器で冷蔵する 212
冷凍 ジャガイモをつぶして冷凍する 212

きんぴらごぼう
冷蔵 冷蔵保存なら1週間OK 212
冷凍 小分けしてフリージング 212

ひじきの煮物
保存 乾燥を防いで冷蔵保存 213
冷凍 使いやすい分量に分けておこう 213

切り干し大根の煮物
保存 密閉容器で冷蔵して1週間 213
冷凍 解凍は自然解凍か電子レンジで 213

むし鶏
保存 密閉容器に入れて冷蔵する 214
冷凍 細かくさいてフリージング 214

ゆで豚
冷蔵 かたまりのまま冷蔵しよう 215
冷凍 薄切りにしておくと使いやすい 215

天ぷら
保存 余ったらラップして冷蔵庫へ 216
冷凍 解凍して天丼などに利用 216

サンドウィッチ・ピザトースト
冷凍 具を工夫すれば丸ごと冷凍OK 216

16

Part 7 調味料・お菓子・飲料の章

「塩・マヨネーズ・和菓子・緑茶・コーヒー…」賢く湿気を防いで味と風味を閉じ込めよう！

調味料

塩
保存 使う分だけ少しずつ出す 218

砂糖・はちみつ
保存 砂糖は湿気を防ぐのがコツ！ 218

しょうゆ・ソース
保存 冷蔵するのがおすすめ 219

酢・みりん
保存 酢は開封後は冷蔵がおすすめ 219

みそ
保存 空気に触れさせないのがコツ 220

マヨネーズ・ケチャップ
保存 空気を抜いてドアポケットに 220

サラダ油
保存 冷暗所で酸化を防ごう 221

ドレッシング・ポン酢
保存 開けたらかならず冷蔵庫へ！ 221

小麦粉・片栗粉
保存 常温保存で1年OK
冷凍 冷凍なら変質を防げる 222

パン粉
保存
冷凍 しっかり密閉して冷蔵
空気を抜いて冷凍 222

スパイス
保存 密閉して香りをキープ
冷凍 ビンのままフリージングOK 223

カレーやシチューのルウ
保存 開封したら冷蔵庫へ
冷凍 使いかけは冷凍もできる 223

だしのもと・だし汁・スープストック
保存 湿気を防いで長持ちさせる
冷凍 冷凍すれば1か月OK 224

お菓子

和菓子
保存 おいしいうちに食べきる
冷凍 1個ずつラップして冷凍 225

洋菓子
冷凍 クリームのケーキは早めに！そのまま冷凍OK 225

- せんべい 湿気を防いでおいしく！ 226
- クッキー
  - 保存 密閉して湿気させない！ 226
  - 冷凍 市販品もタネも冷凍OK 226
- チョコレート
  - 冷凍 低温すぎない野菜室がベスト 227
  - 解凍はゆっくりと 227
- スナック菓子・ホットケーキ
  - 保存 スナック菓子は湿気を防ぐ 227
  - 冷凍 ホットケーキは冷凍OK 227

飲料

- 紙パック・ペットボトル飲料
  - 開封したら早めに飲みきる 228
  - 冷凍 ジュース類をシャーベット風に 228
- 缶・ビン飲料
  - 保存 開けたら冷蔵庫へ！ 228
  - 冷凍 缶ジュースの冷凍もOK 228
- 緑茶・紅茶・中国茶（茶葉）
  - 保存 長期保存は未開封で！ 229
  - 冷凍 茶葉も冷凍でおいしく 229
- コーヒー
  - 保存 しっかり密封がポイント！ 230
  - 冷凍 フリージングで風味を保つ 230
- 酒 保存 種類に合った保存法で！ 231

●保存に役立つ便利グッズ 232
●素材別さくいん 237

《本書の使い方》

1 本書で紹介した保存期間はあくまで目安です。食品の鮮度、保存状態、季節、保存場所の環境などによって保存期間は変化する可能性があります。紹介した保存期間内であっても、食材の状態がおかしいと感じるときは、料理に使わないようにしてください。

2 本書は保存方法をおもに紹介しているため、調味料を使用する場合の塩の分量についてはとくに記載していません。塩味する場合の塩の分量はひとつまみ、塩、コショウで調味する場合は、それぞれ少々を基本にしています。その他の調味料の分量は、好みで適量を入れてください。

3 本書のイラストでは、冷蔵庫を3ドアを基本にしています。上段が冷蔵室、中段が冷凍室、下段が野菜室のものを想定していますが、メーカーによって各場所や温度帯は異なります。冷蔵庫をお使いになる際は、ご使用の冷蔵庫の取り扱い説明書を参考にしてください。

表紙・本文イラスト　池田須香子
本文デザイン・DTP　（有）ハッシィ
編集協力　小沢映子（GARDEN）・宮野明子

プロローグ

鮮度をキープして、
ムダなく使いきる！
おいしく保存！
基本テクニック

冷蔵庫を上手に使おう

● 冷蔵室、冷凍室などの特徴を知る

食品を上手に保存するためには、冷蔵庫を使いこなすことが大切です。冷蔵庫には、冷蔵室、冷凍室のほかに、野菜室や低温室などがあるものがスタンダードになっています。

扉式、引き出し式などはメーカーや機種によっていろいろですが、自分の家の冷蔵庫について、温度設定などを知っておくことが大切です。

保存に適した場所を知り、効率よく冷蔵庫を使って、無駄なく食品を保存しましょう。

冷蔵室（約2〜6度）

上段 （約4〜6度）	やや温度が高いので、長期保存できるものを保存。開封したジャムなどを保存。
中下段 （約2〜4度）	調理したお総菜や、デザートなどを保存。
ドアポケット （約5〜8度）	やや温度が高いので、卵、マヨネーズやケチャップなどの調味料、ドレッシング、飲料などの保存に。

低温室（約−3〜＋2度）

チルド、パーシャル、フレッシュルームなどメーカーによって名称はさまざま。冷蔵室より低温に設定されている。肉・肉加工品、魚・魚加工品、ヨーグルト、チーズ、納豆などを保存。

プロローグ

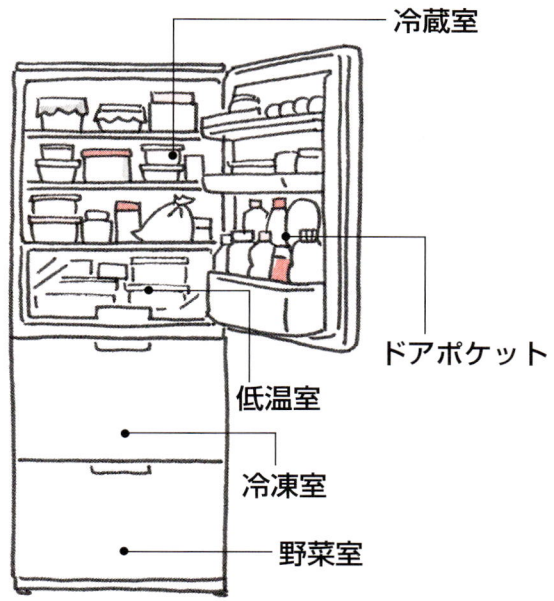

冷凍室（約−18〜−22度）

ドア式より引き出し式のほうが開閉時に起きる温度差は少ない。冷凍するもの、冷凍してあるものを保存。

野菜室（約5〜8度）

野菜や果物を保存。低温に弱いものは野菜室に入れず、常温で保存する。

※冷蔵庫の各場所の位置や名称、温度などはメーカーによって異なります。温度の切り替えができるものもあるので、取り扱い説明書を参考にしましょう。

常温&冷蔵保存のポイント

● 保存に適した場所を知る

食品を保存するというと、とりあえず冷蔵室に入れておく、という人も多いようです。でも、ちょっと待って。食品は種類によって、保存に適した場所がちがうのです。

低温が嫌いな果物や野菜は、常温（冷暗所）で保存したほうが長持ちします。

冷蔵室、低温室、野菜室など冷蔵庫の特徴を知り、さらに素材の特徴を知ることが大切です。素材に適した場所で、無駄なく、賢く保存しましょう。

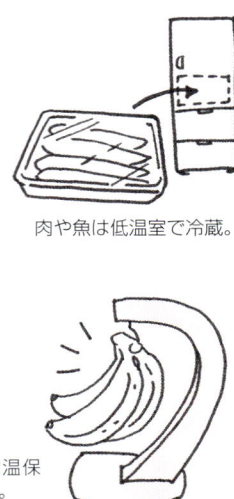

タマネギやイモ類は、夏以外は常温で保存。

1〜2ヵ月OK!

肉や魚は低温室で冷蔵。

果物は常温保存が基本。

プロローグ

● 買ってきたらすぐに保存する

買い物をしてきたら、とりあえず冷蔵室や野菜室に入れる、という人はいませんか？ あとになって、食べないから冷凍しようとしても、すでに素材は劣化しはじめています。

食材は、保存する前に冷蔵するか、冷凍するか決めること。また、買ってきたら、素材に応じた下処理をして保存するのが正解です。ちょっとの手間で、グンと長持ちします。

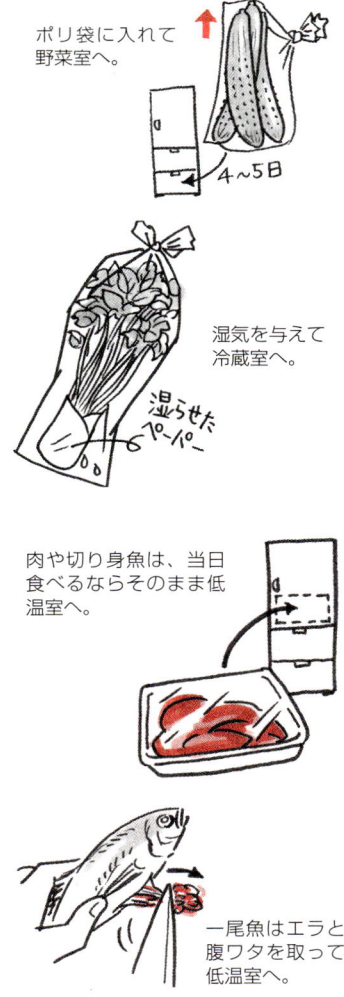

ポリ袋に入れて野菜室へ。
4〜5日

湿気を与えて冷蔵室へ。
湿らせたペーパー

肉や切り身魚は、当日食べるならそのまま低温室へ。

一尾魚はエラと腹ワタを取って低温室へ。

● 下ゆでして冷蔵ならスピード調理OK

豚の薄切り肉をさっとゆでておけば、豚しゃぶサラダが簡単に。ブロッコリーをゆでて冷蔵すれば、色よく保存できて、サラダがすぐできます。肉や魚介類は下ゆでしておくと保存期間も長くなるので、おすすめです。

薄切り肉をさっとゆでて冷蔵。

野菜を下ゆでして冷蔵。

● 新鮮な食材を選ぼう！

上手に保存するためには、新鮮な食材を購入することが基本です。新鮮なものを買って、上手に保存すれば、グンと長持ち！鮮度を見分けるポイントを知っておきましょう。

＜肉の選び方＞

牛肉は色が鮮やか。豚肉・鶏肉はツヤがある。パックに血がたくさん出ていない。

プロローグ

＜魚の選び方＞

〈刺身〉
鮮やか
新鮮！
水分が出ていない

色が鮮やかで切り口がシャープ。パックに汁が出ていない。

〈一尾魚〉

目がにごっていない。エラの色がキレイ。パックに汁がたくさん出ていない。

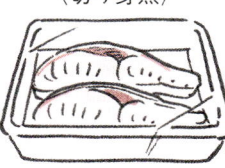

〈切り身魚〉

切り口にツヤがある。パックに汁が出ていない。

＜野菜の選び方＞

青菜はグリーンが鮮やかでみずみずしい。

トマトやナスはヘタがしっかりしている。

キュウリはイボイボが痛いくらい。

フリージングのポイント

● 空気を遮断しておいしさを保つ

おいしく冷凍保存するコツは、空気を遮断すること。空気に触れると食品は酸化し、冷凍臭がつき、味が劣化してしまいます。ぴったりラップして冷凍したら、保存用密閉袋や密閉容器に移して保存しましょう。

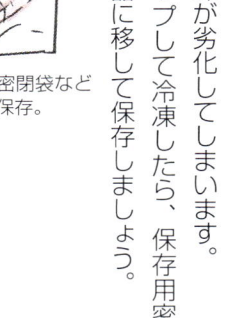
凍ったら密閉袋などに入れて保存。

● 小分けして使いやすく

冷凍保存するときは、使いたいぶんだけ使えるように小分けしておくことが大切です。ラップで小分けしておくのがおすすめ。

ラップで小分けしておく。

ひき肉などは筋をつけておけば折って使える。

プロローグ

● 急速に冷凍させるテクニック

素材のうまみや栄養を保ったまま冷凍させるには、急速に冷凍させるのが基本。ゆっくり冷凍させると素材が変質することもあるので要注意。急速冷凍機能がついた冷蔵庫もありますが、ない場合はイラストの方法を取り入れてみてください。凍ったら保存用密閉袋などに入れて保存します。

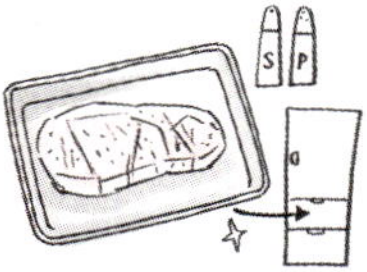

アルミトレイに乗せる。

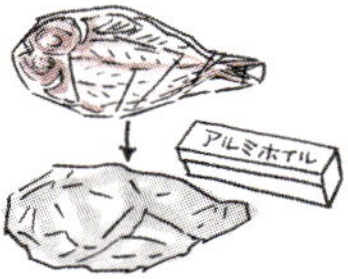

アルミホイルで包む。

薄く平たくする。

● 新鮮なうちに冷凍する

冷凍保存する場合は、新鮮な素材を冷凍させるのが原則です。味が劣化してから冷凍したのでは、おいしさは保てません。買ってきたら、すぐにフリージングしましょう。

● 冷凍できるもの、できないもの

食品のなかには、冷凍すると食感が変わったり、分離してしまうものがあります。
豆腐、コンニャク、生野菜、牛乳などは冷凍には不向きの食材。しかし、ひと工夫すれば冷凍できるものもあるので、素材ごとのページを参照してください。

解凍のポイント

● 素材に合った方法で解凍しよう

冷凍した素材を解凍するときは、食品の種類や状態によって、解凍に適した方法をセレクトしましょう。

● 再冷凍はダメ！

一度、解凍したものを再冷凍すると、衛生的に問題がある場合があります。一度解凍したら、再冷凍せずに使いきってください。

生で冷凍したもの

冷蔵庫内解凍	肉や魚を生で冷凍したときは、冷蔵庫内での解凍がおすすめ。食べる半日ほど前に冷凍室から冷蔵室へ移動。
流水解凍	生で冷凍した肉や魚を急いで解凍したいときは、流水解凍がよいでしょう。水にぬれないように密封し、ボウルなどに入れて流水をかけます。半解凍で調理しましょう。
電子レンジ解凍	急いでいるときは電子レンジの解凍機能が便利です。機種によっては、半解凍が選べるものもあります。電子レンジで解凍するときは、加熱しすぎに注意。半解凍の状態で取り出せるように、短めに加熱しましょう。

加工品・加熱して冷凍したもの

電子レンジ加熱

おかずなど調理してあるものを解凍するときは、電子レンジで一気に解凍から加熱までするのがおすすめです。途中で上下をかえたりするとよいでしょう。

凍ったまま調理

下ゆでした野菜や、下味をつけた肉や魚などは、凍ったまま調理してOK。衣をつけて冷凍したコロッケなども凍ったまま揚げます。凍ったまま調理するときは、中まで火が通りやすいように通常よりやや低温にして調理するとよいでしょう。

さっとゆでて調理

下ゆでした野菜などは、さっとゆでて解凍してから調理してもOK。ゆですぎないように、短時間で解凍しましょう。

自然解凍

パンやケーキ、納豆など、解凍後そのまま食べるものは室温で解凍してOK。

保存ワザ・早見チャート

肉の基本 くわしくはPart1　P31〜52

 保存 生で保存する場合は低温室で冷蔵。

 冷凍 小分けにしてラップで包み、バットに乗せて急速冷凍。凍ったら保存用密閉袋で冷凍保存。

 解凍 冷蔵庫内での自然解凍が基本。半解凍で調理する。急いでいるときは電子レンジで解凍してもOK。

魚介類の基本 くわしくはPart2　P53〜94

 保存 生で保存する場合は低温室で冷蔵。

 冷凍 一尾魚はエラと腹ワタを取り除く。一尾魚、切り身魚ともに、ラップで包んでバットに乗せて急速冷凍。凍ったら保存用密閉袋で冷凍保存。

 解凍 冷蔵庫内での自然解凍が基本。半解凍で調理する。急いでいるときは流水解凍でもOK。

野菜の基本 くわしくはPart3　P95〜156

 保存 実もの、葉もの、茎野菜、豆類は、ラップするかポリ袋に入れて野菜室で保存。

イモ類は夏以外は常温保存。風通しのよい冷暗所に置く。

 冷凍 生のまま冷凍できる野菜はトマトなど限られる。多くの野菜は下ゆですれば、冷凍OK。固めにゆでて、水を切り、バットに乗せて急速冷凍。保存用密閉袋で冷凍保存。

 解凍 凍ったまま調理に使える。半解凍で調理してもOK。

その他の素材は、それぞれの項目を参照してください。

果物 ➡ Part4　P157〜174

主食・卵・乳製品 ➡ Part5　P175〜190

加工食品・乾物・おかず ➡ Part6　P191〜216

調味料・お菓子・飲料 ➡ Part7　P217〜231

Part 1

肉の章

「豚薄切り肉・牛ステーキ肉・ひき肉・ベーコン…」
低温冷蔵＆急速冷凍でおいしさキープ！

肉をおいしく保存するポイント

ポイント1 低温室での冷蔵保存が基本

肉や肉加工品を購入するときは、新鮮なものを選ぶことが大切です。

肉の色が鮮やかで、トレーに血が多くたまっていないものを選びましょう。

買ってきてすぐに食べるなら、冷蔵庫で保存すればOK。肉は鮮度が落ちやすいので、低温保存での冷蔵保存がおすすめです。

低温保存での冷蔵保存なら、買ってきて3〜4日以内で食べきります。通常の冷蔵室の場合は、2日以内に消費しましょう。

ポイント2 新鮮な肉選びと冷凍のコツ

肉を冷凍して保存する場合は、買ってきてすぐ、新鮮なうちに冷凍すること。

冷凍するときは、プラスチックトレーからはずします。おいしいフリージングのコツは、急速冷凍（P.27）と空気から遮断すること（P.26）です。トレーに入れたままだと、ゆっくり冷凍されてしまうだけでなく、肉とラップ材の間の空気が酸化の原因になります。

トレーからはずし、ラップで包み、保存用密閉袋で冷凍するのがおいしさのコツです。

ポイント3 小分け冷凍でスピード調理！

冷凍するときは、食べるときのことを考えて、使いやすい形で冷凍するのが原則です。薄切り肉は1枚ずつ広げる、ひき肉は小分けにするなどの工夫をしましょう。

また、さっとゆでて冷凍したり、下味をつけて冷凍すると、保存期間が長くなるだけでなく、調理するとき、すぐに使えて便利です。

ひき肉なら、ハンバーグの形にまとめて冷凍したり、そぼろにして冷凍するなど、アレンジもいろいろ。下味がついていれば、半解凍で焼くだけでOK。スピード調理には、ひと手間かけてから保存するのがおすすめです。

ポイント4 冷蔵庫の自然解凍がおすすめ

冷凍した肉を解凍すると、赤い汁が出てしまうことがあります。これは「ドリップ」と呼ばれるもので、栄養分や旨みのもと。急に解凍するとドリップが出やすいので注意。

肉類の解凍は、冷蔵庫で自然解凍するのが基本。使う半日前に冷凍室から冷蔵室へ移動しておきましょう。急いでいるときは、電子レンジの解凍機能を使ってもOK。半解凍だとドリップも出ず、調理しやすくおすすめ。

また、解凍したものは、再冷凍してはダメ。再冷結は衛生的に問題があるので、解凍したらかならず使いきりましょう。

薄切り肉(牛肉・豚肉)

保存 重ねてラップし、低温室へ

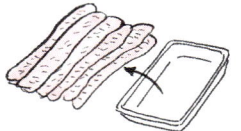

トレーのままだと、空気に触れる部分が多く酸化しやすい。トレーから出すのがおすすめ。

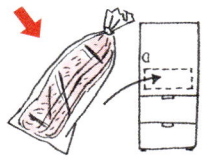

3〜4枚ずつ重ねてラップし、ポリ袋へ。低温室で**3〜4日**もつ。

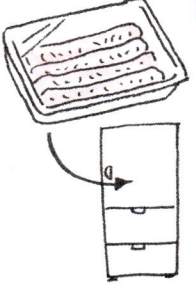

トレーのまま冷蔵保存なら、**2日以内**に食べること。

Cooking memo ゆでて冷蔵でスピード調理

沸騰した湯に塩を入れ、肉を1枚ずつさっとゆでる。

ザルにあげて水気をよく切る。サラダ油をまぶすとパサつき防止になる。

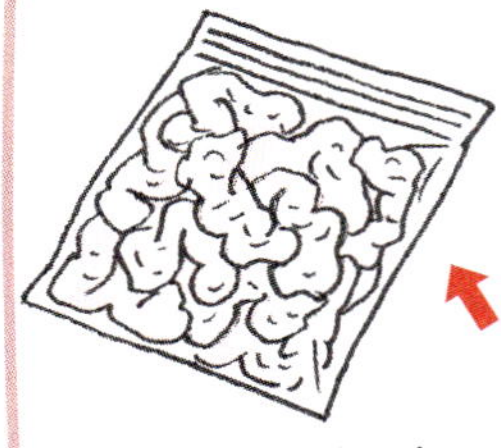

保存用密閉袋で冷蔵。**4〜5日**もつ。サラダやマリネ、炒めものに。

Part 1　肉の章　(牛肉・豚肉・鶏肉)

肉

薄切り肉（牛肉・豚肉）

冷凍　1枚ずつ広げて冷凍する

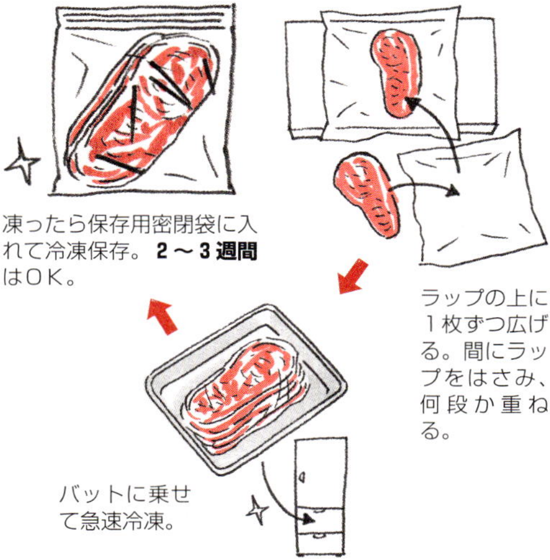

ラップの上に1枚ずつ広げる。間にラップをはさみ、何段か重ねる。

バットに乗せて急速冷凍。

凍ったら保存用密閉袋に入れて冷凍保存。**2〜3週間**はOK。

Cooking memo　しょうが焼きや野菜巻きが焼くだけでOKの下準備

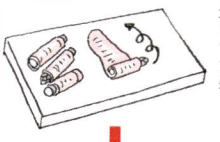

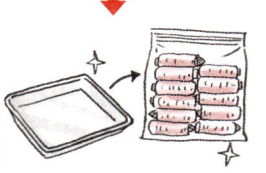

塩、コショウした肉で、ゆでたアスパラを巻く。

バットに乗せて冷凍し、保存用密閉袋で保存で**3〜4週間**。凍ったまま焼けばOK。

保存用密閉袋に肉を入れ、しょうゆ、酒、しょうが汁を入れてもみこみ、バットで急速冷凍。**3〜4週間**OK。

半解凍して焼けば、しょうが焼きに。

35

こま切れ肉・カルビ肉（牛肉・豚肉）

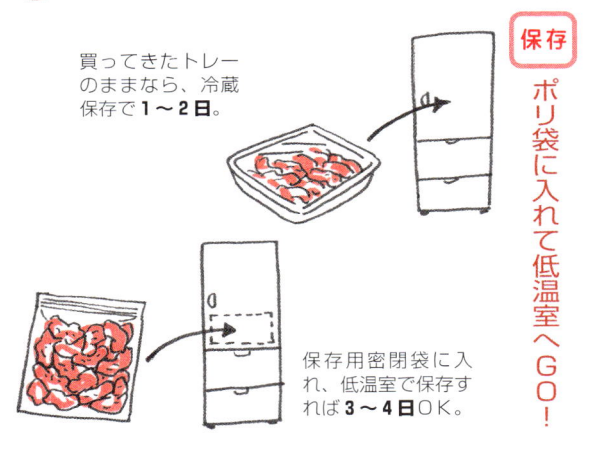

保存 ポリ袋に入れて低温室へGO！

買ってきたトレーのままなら、冷蔵保存で **1～2日**。

保存用密閉袋に入れ、低温室で保存すれば **3～4日**OK。

Cooking memo　焼肉のたれにつけて冷蔵

保存用密閉袋に肉と焼肉のたれを入れ、低温室へ。**4～5日**もつ。

そのまま焼くか、野菜炒めなどに使おう。

Part 1 　肉の章　牛肉・豚肉・鶏肉

肉

こま切れ肉・カルビ肉（牛肉・豚肉）

冷凍

広げて、平らにして冷凍する

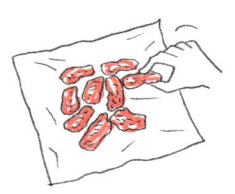

カルビ肉はラップに広げ、バットで急速冷凍。

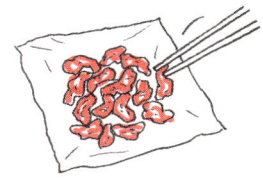

こま切れ肉はラップに広げ、バットで急速冷凍。

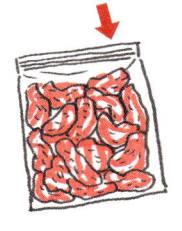

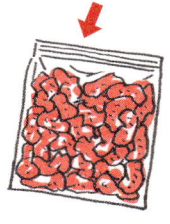

凍ったら保存用密閉袋へ。**2〜3週間**OK。

Cooking memo 　炒めて冷凍で長持ち！

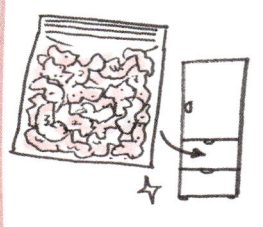

こま切れ肉は、塩、コショウして炒める。

冷めたら保存用密閉袋に入れ、バットで急速冷凍。約**1か月**もつ。牛肉はハッシュドビーフなどに利用。

豚厚切り肉

保存 みそ漬けで保存の裏ワザ

みそ、みりん、砂糖を混ぜて肉に塗る。

パックのまま冷蔵なら2日。1枚ずつラップして低温室で**3日**OK。

豚肉のみそ漬けは1枚ずつラップして低温室へ。**4～5日**はおいしい。

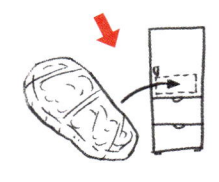

冷凍 1枚ずつ包んでフリージング

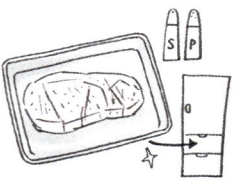

塩、コショウして、1枚ずつラップで包み、バットで急速冷凍。

凍ったら保存用密閉袋へ。**3～4週間**が目安。

Cooking memo — トンカツがすぐできる!

塩、コショウし、小麦粉、卵、パン粉をつける。ラップで1枚ずつ包み、冷凍。凍ったまま揚げる。**3～4週間**OK。

Part 1　肉の章　牛肉・豚肉・鶏肉

牛ステーキ肉

保存 ぴっちりラップでおいしさ封印

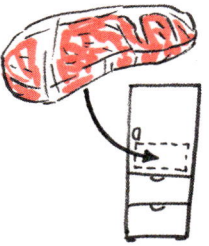

ラップで包んで、低温室へ。**3〜4日**もつ。

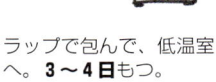

トレーのまま冷蔵なら**2日**、低温室なら**3日**OK。

冷凍 ラップして急速冷凍する

ラップでぴったり包んで急速冷凍。

保存用密閉袋に移し、**2〜3週間**は保存可能。

Cooking memo

香辛料でおいしさアップ

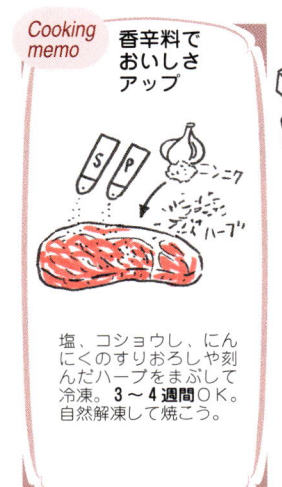

塩、コショウ、にんにくのすりおろしや刻んだハーブをまぶして冷凍。**3〜4週間**OK。自然解凍して焼こう。

角切り肉（牛肉・豚肉）

保存

「空気を遮断」がポイント

保存用密閉袋に入れて空気を遮断。低温室に入れて、**3〜4日**OK。

トレーに入れたまま冷蔵する場合は**翌日**までに食べきる。

冷凍

バラ冷凍が使いやすい！

バットにくっつかないように並べ、急速冷凍。

完全に凍ったら保存用密閉袋へ。**2〜3週間**が目安。

フライパンで表面を焼いてから冷凍してもよい。旨みを閉じ込めることができる。保存の目安は**1か月**。

Part 1　肉の章　(牛肉・豚肉・鶏肉)

スペアリブ(豚肉)

角切り肉(牛肉・豚肉)・スペアリブ(豚肉)

冷凍　バットに並べて急速冷凍！

バットに離して並べて急速冷凍。凍ったら密閉袋に移す。**2〜3週間**大丈夫。

保存　ラップして低温室へ

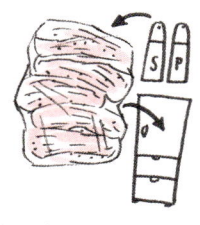

低温室の保存なら **3〜4日**。塩、コショウすれば **4〜5日** OK。

Cooking memo　味つけしてフリージング

☆ハニーマスタード

密閉袋に肉を入れ、塩、コショウ、はちみつ、粒マスタードを加え、もみこんで冷凍。

☆ハーブオニオン

密閉袋に肉を入れ、塩、コショウ、刻みハーブ、玉ねぎスライス、オリーブ油に漬けて冷凍。

どちらも保存期間は **1か月**。自然解凍して焼こう。

鶏もも肉・鶏胸肉

保存 下味をつけて保存がおすすめ

1枚ずつラップして保存用密閉袋に入れ、低温室へ。傷みやすいので**2日以内**に食べよう。

ひと口大に切り、塩、コショウ、酒をふって密閉袋で低温保存。**3〜4日**はOK。

冷凍 丸ごとでも切ってもOK

ひと口大に切ってもOK。バットに離して並べ、急速冷凍。

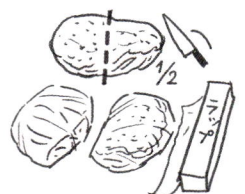

半分に切り、ラップでピッタリ包んでバットで急速冷凍。

凍ったら保存用密閉袋で保存。目安は**2〜3週間**。

Part 1　肉の章　(牛肉・豚肉・鶏肉)

肉

鶏もも肉・鶏胸肉

Cooking memo　から揚げにして冷凍

ひと口大に切り、塩、コショウ、しょうゆ、しょうが汁、酒で味つけ。

片栗粉をまぶし、170度の油でからっと揚げる。

冷めたらバットに並べて急速冷凍。保存用密閉袋に入れ**1か月**はOK。

Cooking memo　ゆで鶏にして冷凍

鍋に青ネギ、しょうがのぶつ切りを入れ、鶏肉をゆでる。

食べやすい大きさにさく。

保存用密閉袋に入れ、バットに乗せて冷凍。サラダやあえものなどに。目安は**1か月**。

豚かたまり肉

保存 ぴったりラップして低温室へ

買ってきたらトレーから出し、くるりとラップする。

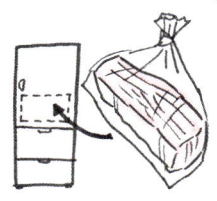

ポリ袋に入れて低温室で保存。**3〜4日以内**に食べきる。

冷凍 切り分けるか下処理して冷凍

かたまりのままだと冷凍に時間がかかり、味が劣化。切り分けて冷凍が正解。

それぞれラップで包み、バットに乗せて急速冷凍。密閉袋で**2〜3週間**OK。

Cooking memo

ゆでて冷凍

鍋に長ネギとしょうがを入れゆでる。

冷めたら水気を切り、保存用密閉袋で冷凍。煮物などに**1か月**OK。

Part 1 肉の章 牛肉・豚肉・鶏肉

鶏手羽先・鶏手羽元

トレーから出したら、氷水で洗って匂いを取る。

水気をふいて、保存用密閉袋に入れ、低温室で **2日**。

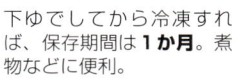

下ゆでしてから冷凍すれば、保存期間は **1か月**。煮物などに便利。

肉の水気を拭き、バットに離して並べて急速冷凍。凍ったら保存用密閉袋へ。**2〜3週間**が目安。

保存 氷水で洗って臭みを取る

冷凍 バラ凍結か、ゆでてフリージング

ひき肉（牛肉・豚肉・鶏肉）

Cooking memo そぼろで冷蔵する

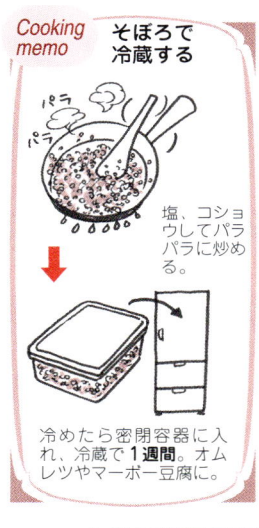

塩、コショウしてパラパラに炒める。

冷めたら密閉容器に入れ、冷蔵で **1週間**。オムレツやマーボー豆腐に。

保存 その日のうちに使うのが原則

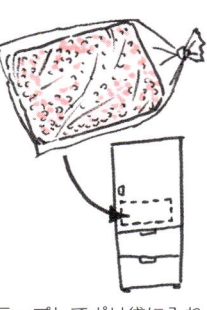

ラップしてポリ袋に入れて低温室へ。傷みやすいので、**当日**使う。

冷凍 平らにして筋をつける裏ワザ

生のまま保存用密閉袋に入れて薄くのばす。
塩、コショウしてもOK。

使いやすいように、さいばしで筋をつける。

バットに乗せて急速冷凍。**2週間**が目安。

46

Part 1 肉の章 牛肉・豚肉・鶏肉

肉

ひき肉（牛肉・豚肉・鶏肉）

Cooking memo
ハンバーグやミートボールに

1
ひき肉に、玉ねぎのみじんぎり炒め、塩、コショウ、卵を入れてこねる。

2
ハンバーグ用、ミートボール用に形づくる。

4
ミートボールは揚げる。冷めたらバットで急速冷凍。

3
ハンバーグは焼く。冷めたらバットで急速冷凍。

5
保存用密閉袋に入れ、**1か月**で使いきる。

鶏ささみ

保存 買ってきた日に食べよう

ささみは傷みやすい素材。低温室に入れ、**当日**中に使う。

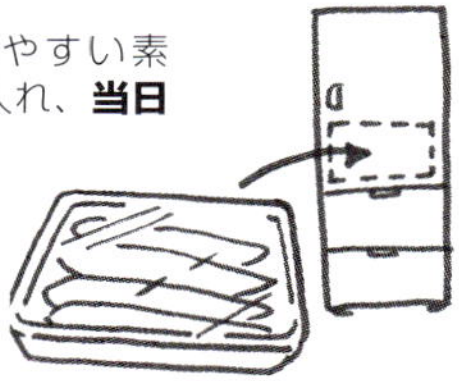

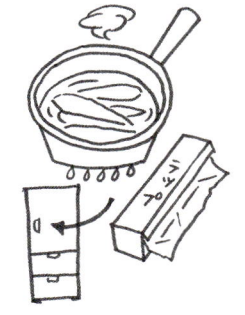

下ゆでし、ラップして冷蔵する場合は、**3～4日**OK。サラダや和え物に。

冷凍 筋を取ってフリージング

冷凍する前に筋を取る。

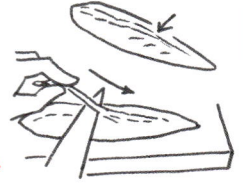

1本ずつラップで包み、バットに乗せて急速冷凍。

凍ったら保存用密閉袋へ。**2週間**OK。

Part 1 肉の章 牛肉・豚肉・鶏肉

レバー（牛肉・豚肉・鶏肉）

下処理の方法

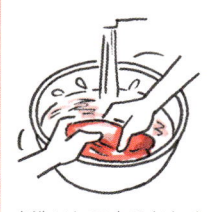

水洗いして血のかたまりを除く。

↓

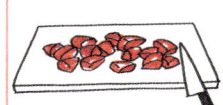

食べやすくスライス。

↓

塩をまぶしてもみ、水に入れ、しっかり血抜きする。

保存

日持ちしないのですばやく処理

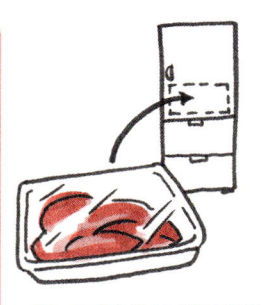

買ってきたらすぐ低温室に入れ、**その日**のうちに調理。

冷凍 下処理してフリージング

保存用密閉袋にレバー、しょうゆ、酒、しょうが汁を入れて急速冷凍。**1～2週間**が目安。半解凍で炒めものなどに。

ベーコン

保存 開封後は酸化に注意！

開封後は保存用密閉袋に入れ、低温室で **4～5日** OK。

フライパンでかりかりに炒めて保存用密閉袋へ。冷蔵で **10日** もつ。

冷凍 使いやすさがポイント！

ラップに1枚ずつ広げ、間にラップをはさんで重ねてバットで急速冷凍。保存用密閉袋で **1か月**。

使いやすい大きさにカットし、保存用密閉袋をバットに乗せて急速冷凍。パスタや炒めものに便利。**1か月** OK。

Part 1 肉の章 肉加工品

ソーセージ

保存 ぴったり密封して冷蔵

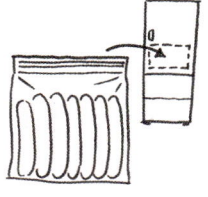

開封したら、保存用密閉袋に入れて低温室で**3〜4日**。

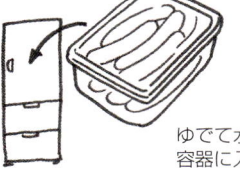

ゆでて水を切り、冷まして密閉容器に入れれば、**1週間**はOK。

冷凍 切り込みを入れておくのがコツ

加熱時の皮の破裂を予防するために切り込みを入れる。

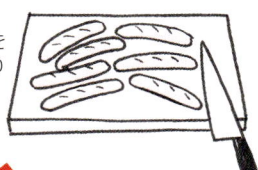

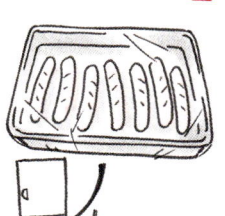

バットに並べてラップをかけて急速冷凍。

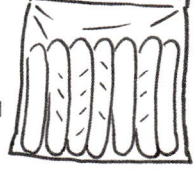

凍ったら保存用密閉袋へ。約**1か月**OK。

ベーコン・ソーセージ

ハム

封を開けたハムは、ラップで包んで低温室へ。**2〜3日**で使いきる。

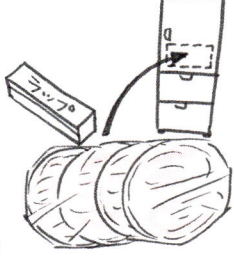

保存 ラップして冷蔵庫へ

ひと口大に切り、炒めて密閉容器で冷蔵。**1週間**が目安。野菜炒めやパスタに。

ラップの上にハムを置き、ラップを乗せ、ハムを重ねていく。

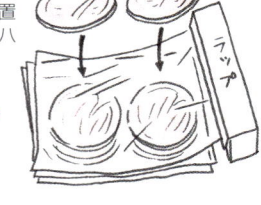

バットに乗せて急速冷凍。

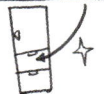

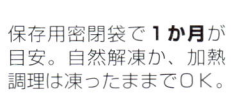

保存用密閉袋で**1か月**が目安。自然解凍か、加熱調理は凍ったままでOK。

冷凍 空気を遮断してフリージング

Part 2

魚介類の章

「アジ・サンマ・サケ・イカ・エビ…」
このひと工夫で、ずっと鮮度バツグン!

魚介類をおいしく保存するポイント

ポイント1 しっかり鮮度を見極めよう

魚介類をおいしく食べて、おいしく保存する最大のポイントは、鮮度がよい素材を購入すること。そのためには、鮮度を見極めるコツを知っておくことが大切です。

一尾魚は、目がにごっていないで澄んでいるか、身に弾力があるか、エラが黒ずんでいないかなどをチェック。

切り身魚や刺身の場合は、パックに血が多くしみ出ているものは、鮮度が落ちている可能性が大。新鮮な素材を賢く選びましょう。

ポイント2 買ってきたらすぐ処理する

魚介類は鮮度が命。時間とともに味が低下するので、買ってきたら、すぐに鮮度を保つための処理をしましょう。一尾魚は、エラや腹ワタを出す、頭を落とすことでモチが格段にちがいます。冷凍する場合は、できるだけ早く下処理をしてフリージングしましょう。

買ってきてすぐ食べるなら、冷蔵庫の低温室で保存します。低温保存の場合、2日以内で食べきります。通常の冷蔵室の場合は、その日のうちに消費しましょう。

ポイント3 このひと手間で使いやすい！

保存をするときは、あらかじめひと手間かけておくのがおすすめです。

下味をつけて冷蔵したり、さっと揚げて冷凍しておくと、保存期間が長くなるだけでなく、調理するとき、すぐに使えて便利です。

たとえば切り身魚なら、酢じめ（P64）やかす漬け（P75）、みそ漬け（P73）などに、一尾魚は素揚げや唐揚げがおすすめ。こうして冷凍保存しておけば、スピード調理が可能になります。下味をつけた魚は解凍したら焼くだけでOK。また、揚げ魚は凍ったまま南蛮漬けにアレンジできます。

ポイント4 冷蔵庫の自然解凍がおすすめ

冷凍した魚介類の解凍は、冷蔵室での自然解凍が基本です。冷蔵室解凍は、半日ほど前に冷凍室から冷蔵室へ移動しておきましょう。

調理を急いでいる場合は、流水解凍や、電子レンジの解凍機能を使ってもOK。いずれの場合も、完全に解凍せず、半解凍の状態で調理するのがおいしさのコツです。

また、一度解凍したものは、再冷凍は絶対やめましょう。再冷結は衛生的に問題があるので、一度解凍したらかならず使いきること。使うぶんだけ解凍できるように、あらかじめ小分けにして冷凍しておきましょう。

アジ

ゼイゴを取る　　エラを取る

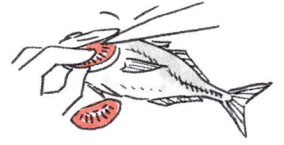

保存 エラ、ゼイゴ、腹ワタを取る

腹ワタを取る

トレーから出し、エラ、ゼイゴ、腹ワタを除く。三枚おろし（P57）にしてもよい。

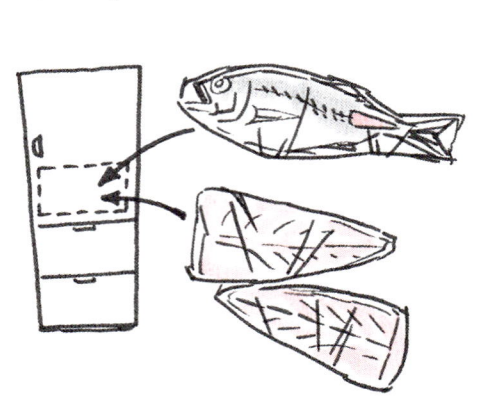

下処理したり、三枚おろしにしたら、水気をよくふき取り、ぴっちりラップして低温室へ。**2日**以内に食べきる。

56

Part 2　魚介類の章　一尾魚

＜アジの三枚おろし＞

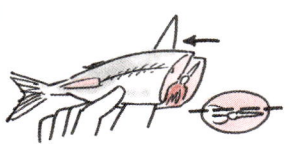

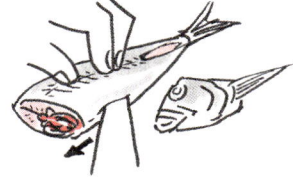

魚介類

アジ

2
中骨ぎりぎりに包丁を入れ、中骨に沿って上身を切る。

1
頭を切り落とし、腹ワタを除く。

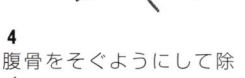

4
腹骨をそぐようにして除く。

3
中骨を下に置き、中骨の上すぐに包丁を入れ、中骨をはずす。

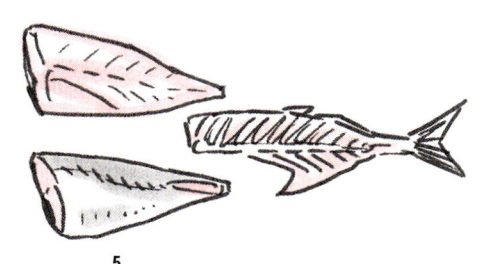

5
三枚おろしのできあがり。

冷凍 生でも下味をつけてもOK

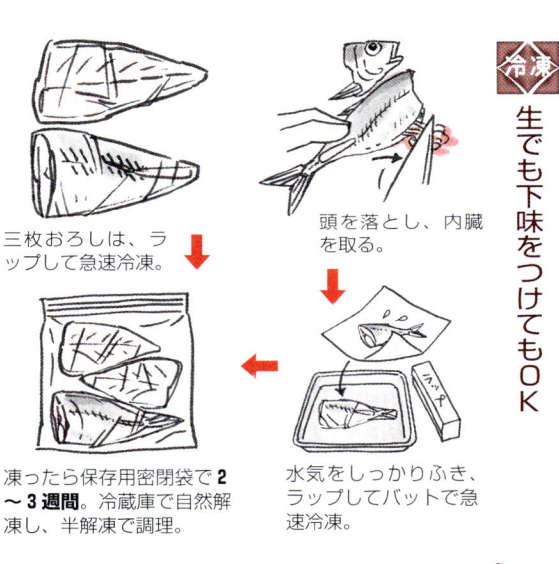

三枚おろしは、ラップして急速冷凍。

↓

凍ったら保存用密閉袋で **2〜3週間**。冷蔵庫で自然解凍し、半解凍で調理。

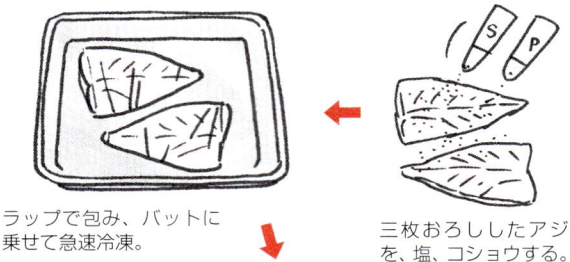

頭を落とし、内臓を取る。

↓

水気をしっかりふき、ラップしてバットで急速冷凍。

三枚おろししたアジを、塩、コショウする。

↓

ラップで包み、バットに乗せて急速冷凍。

↓

凍ったら密閉袋で保存。保存の目安は **3〜4週間**。半解凍で、ムニエルやフライに。

Part 2　魚介類の章　一尾魚

魚介類

アジ

Cooking memo　カラッと揚げて冷凍

2
片栗粉をまぶす。

1
三枚おろしのアジに塩、コショウする。

4
油をよくきり、ラップで包んで冷凍。**1か月OK**。

3
170度の油でカラッと揚げる。

凍ったアジをしょうゆとみりんで甘辛く煮て「アジのかば焼き」

野菜と南蛮酢に凍ったアジを入れて加熱すると「アジの南蛮漬け」

〜アジの南蛮漬け〜

〜アジのかば焼き〜

イワシ

保存 手開きで保存が便利

当日食べるなら、パックのまま低温室へ。

頭を落として腹ワタを出したり、手開きのイワシは、ぴったりラップして低温室へ。**2〜3日**OK。

＜イワシの手開き＞

2
中骨と身の間に親指を入れ、身をはずす。

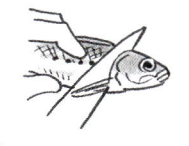

1
ウロコを取り、頭を落として腹を切り、腹ワタを出して洗う。

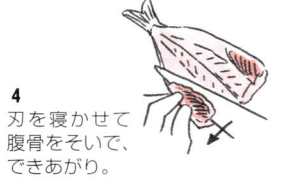

4
刃を寝かせて腹骨をそいで、できあがり。

3
身を開き、もう片方の身も中骨からはずして取る。

60

Part 2　魚介類の章　一尾魚

魚介類

イワシ

冷凍 — 生でもすり身でもOK

冷凍するなら、下処理をすること。頭を落として腹ワタを出すか、手開きに。水気をふき、ラップしてバットに乗せて急速冷凍。

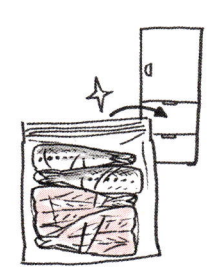

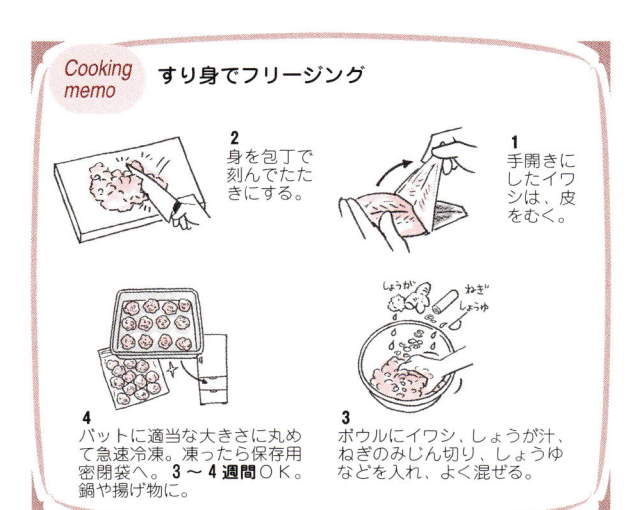

凍ったら保存用密閉袋に入れて冷凍で **2～3週間** 保存できる。

Cooking memo　すり身でフリージング

1 手開きにしたイワシは、皮をむく。

2 身を包丁で刻んでたたきにする。

3 ボウルにイワシ、しょうが汁、ねぎのみじん切り、しょうゆなどを入れ、よく混ぜる。

4 バットに適当な大きさに丸めて急速冷凍。凍ったら保存用密閉袋へ。**3～4週間**ＯＫ。鍋や揚げ物に。

サンマ

パックのまま低温室で保存する場合は、傷みやすいので、その日のうちに食べる。

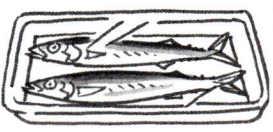

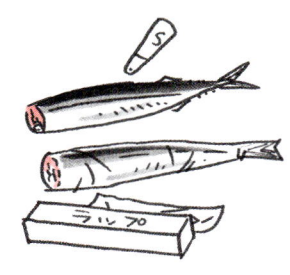

保存

腹ワタを取って塩をする

頭と腹ワタを取って水洗い。軽く塩をして水気を切り、ラップして低温室へ。これで **2〜3日**はOK。

＜サンマの三枚おろし＞

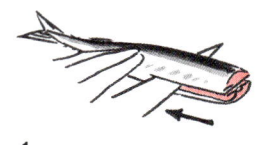

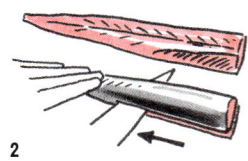

2
もう一方の身も中骨から離す。

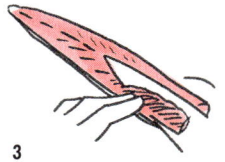

1
頭と腹ワタを取り洗ったサンマは、中骨に沿って包丁を入れて切り離す。

4
ラップして低温室へ。**2〜3日**保存できる。

3
腹骨をそぎ取る。

Part 2　魚介類の章　一尾魚

魚介類

サンマ

冷凍

使いやすい切り方で冷凍を！

頭を落とし、筒切りにし、腹ワタを取って冷凍。凍ったまま梅煮やおろし煮に。

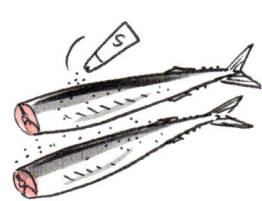

頭と腹ワタを取って塩をし、水気を切って冷凍。半解凍で塩焼きに。

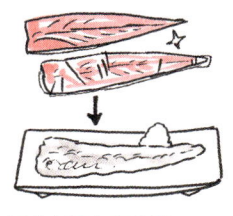

三枚おろしを冷凍。かば焼き、フライ、竜田揚などに。

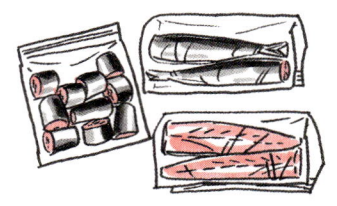

バットに乗せて急速冷凍し、凍ったら保存用密閉袋へ。約 **2～3週間** OK。

Cooking memo　揚げて冷凍なら長期保存

三枚おろしのサンマは、塩、コショウし、水気を切って170度の油で揚げる。

油を切り、冷凍保存。**1か月**ほど保存できる。揚げびたしや蒲焼きに。

サバ

サバは傷みやすいので、その日のうちに使うのがベスト。塩をふり、水気をとってラップして低温室で **2日**。

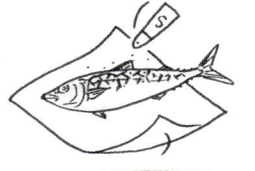

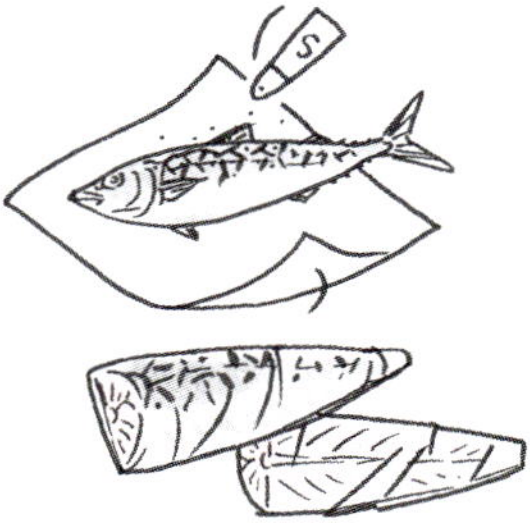

保存 塩をして酢でしめる！

塩をしたサバをひたひたの酢水につけて1時間。酢じめのサバは水気を切り、ラップして低温冷蔵で **3日**。

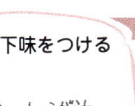

Cooking memo 下味をつける

保存用密閉袋にサバ、しょうゆ、しょうが汁、酒を入れてもみ、バットに乗せて冷凍。半解凍で竜田揚げに。**2〜3週間**で使いきる。

冷凍 下味をつけるのが基本

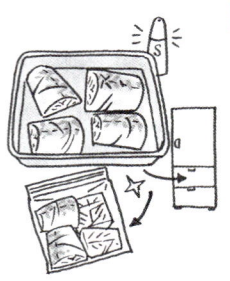

塩をふり、水気を切ったサバは、ひと切れずつラップで包み、バットで急速冷凍。**2週間**保存可能。

Part 2　魚介類の章　一尾魚

アユ

魚介類

サバ・アユ

保存 その日のうちに調理しよう

腹ワタを取って洗い、塩をして水気をふいてラップ。低温室で**2〜3日**。

アユは腹ワタも食べることが多いので、買ってきたら低温冷蔵し、**当日**中に食べる。

冷凍 鮮度がよいものは生でOK

新鮮なアユは腹ワタを取り、塩をふり水気を除き、1匹ずつラップで包み、バットに乗せて急速冷凍。密閉袋で**2週間**もつ。

Cooking memo

甘露煮で冷凍

しょうゆ、砂糖、みりんで甘辛く煮付けて冷凍すれば、**1か月**保存できる。

65

タイ

保存

買ってきたらすぐ下処理を！

1匹のタイは、時間がたつと、さばきにくくなるので、すぐ下処理を。まずウロコを取る。

頭を落とし、腹ワタを取り、水洗い。

三枚におろす。（P57アジ参照）

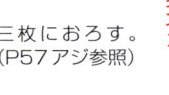

冷凍

三枚おろしに塩をする

三枚におろしたタイに塩をふり、水気を取ってバットで急速冷凍。**2週間**OK。

半身ずつラップで包み、ポリ袋に入れ低温室へ。**2～3日**保存できる。

Part 2　魚介類の章　一尾魚

カレイ

保存

1匹なら切り身にする

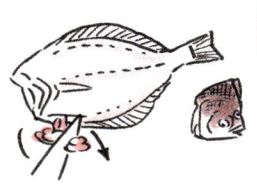

水洗いしてウロコを取り、頭を落として腹ワタを出す。

骨ごと切り身にして水気を除き、ラップし、低温室で **2日**。

冷凍

切り身に塩をふって冷凍

カレイの切り身に塩をふってしばらくおく。

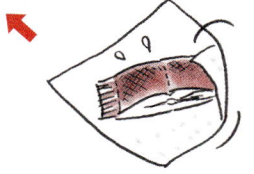

出てきた水気をしっかりふく。

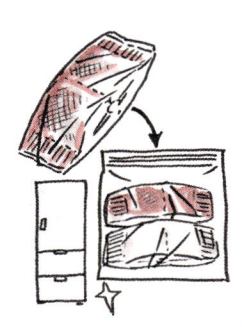

1切れずつラップで包み、バットで急速冷凍。
密閉袋で **2週間**保存可能。
凍ったまま煮付けたり、半解凍で揚げ物に。

魚介類

タイ・カレイ

ワカサギ・豆アジ・シシャモ

豆アジは腹ワタを出し、ワカサギはそのまま塩をする。

保存

生は腹ワタを出して塩をする

干しシシャモはラップして低温冷蔵。**3〜4日**OK。

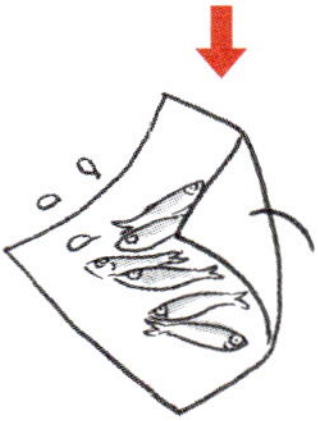

水気をふいてラップし、低温冷蔵で**2〜3日**。

冷凍

粉をつけて冷凍がおすすめ

腹ワタを取って塩をした豆アジは、水気をとり、1匹ずつラップして冷凍で**2〜3週間**。

干しシシャモは1匹ずつラップし冷凍で約**1か月**。

Cooking memo

天ぷらの下準備を

ワカサギは、塩、コショウし、小麦粉をまぶして冷凍。凍ったまま天ぷらに**3〜4週間**OK。

Part 2　魚介類の章　一尾魚

キス

魚介類

ワカサギ・豆アジ・シシャモ・キス

キスは頭を落として腹ワタを出し、中骨に沿って包丁を入れて開く。

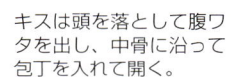

開いたキスは、1匹ずつラップして、低温室で**3日**OK。

保存　腹ワタを出して開いておく

冷凍　ぴったりラップで2週間

開いたキスは1匹ずつラップして保存用密閉袋に入れ、バットに乗せて冷凍。**2週間**保存できる。

Cooking memo

小麦粉をまぶす

開いて小麦粉をまぶして冷凍すれば、天ぷらがすぐできる。凍ったまま170度の油で揚げる。保存期間は**3〜4週間**。

ブリ

保存 ラップして低温冷蔵が基本

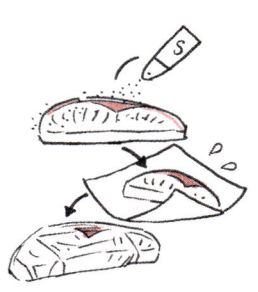

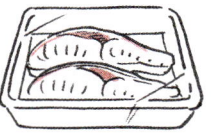

パックのまま冷蔵なら、**当日**使う。

軽く塩をして水気を取り、ラップして低温室で**3日**OK。

ブリの切り身は、1枚ずつラップして、低温冷蔵で**2日**。

冷凍 照り焼きの下味をつけて冷凍

保存用密閉袋にしょうゆ、みりん、しょうが汁と一緒に入れて冷凍で**3〜4週間**。自然解凍してブリの照り焼きに。

1切れずつラップで包みバットで急速冷凍。凍ったら密閉袋へ。保存期間は**2週間**。

Part 2　魚介類の章　(切り身魚)

カジキマグロ

魚介類

ブリ・カジキマグロ

保存　軽く塩をして水気をふく

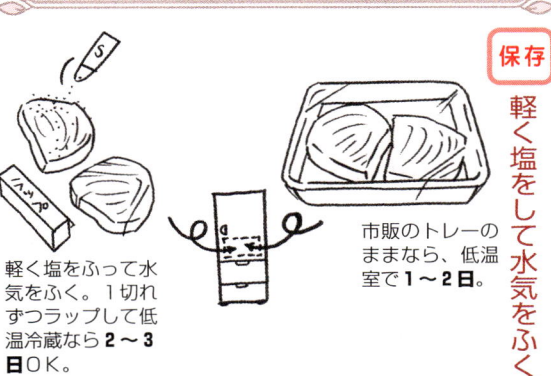

軽く塩をふって水気をふく。1切れずつラップして低温冷蔵なら**2〜3日**OK。

市販のトレーのままなら、低温室で**1〜2日**。

冷凍　生でも下味をつけてもおいしい

塩をしたら水気をしっかりふく。

1切れずつラップして急速冷凍。**3〜4週間**OK。

保存用密閉袋に切り身、しょうゆ、酒、みりん、ユズを輪切りにしたものを入れて冷凍で**3〜4週間**。自然解凍で柚庵焼きに。

サケ

保存 | 生サケは塩をふっておこう

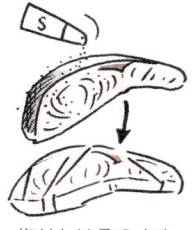

塩サケはそのままラップする。生サケは塩をふってラップで包む。低温冷蔵で **2〜3日**。

冷凍 | ラップして冷凍が基本

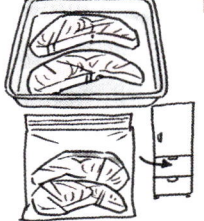

塩サケはそのまま、生サケは塩をふり、1切れずつラップで包んで急速冷凍し、密閉袋へ。**2〜3週間**保存可能。

Cooking memo — 焼いてほぐせばすぐ使える！

1. 塩サケを焼く。
2. 皮と骨を除いて身をほぐす。お弁当のサケそぼろ、チャーハン、オムレツの具に大活躍。
3. 密閉容器で冷蔵なら約 **1週間**。
4. 保存用密閉袋で冷凍すれば **1か月**OK。

Part 2　魚介類の章　切り身魚

魚介類

サケ

＜サケのみそ漬け＞

1
赤みそ、みりん、砂糖を適量合わせて練り、みそ床を作る。

2
密閉容器にみそ床を入れ、サケを漬け込む。保存期間は冷蔵で１週間程度。

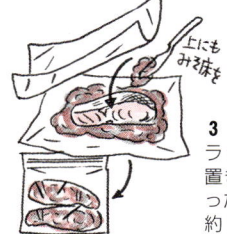

3
ラップにみそ床を塗ってサケを置き、上にもみそ床を塗ってぴったり包んで急速冷凍し、保存。約 **1〜2か月**ＯＫ。

＜新巻サケの保存＞

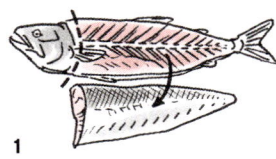

1
新巻サケは頭を落とし、三枚におろす（Ｐ57アジの三枚おろし参照）。

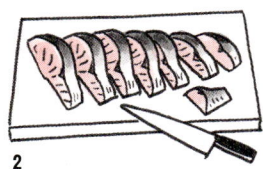

2
食べやすい大きさに切る。

3
１切れずつラップで包み、バットにのせて急速冷凍。

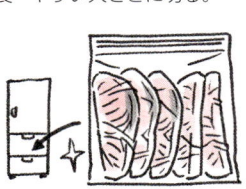

4
凍ったら保存用密閉袋へ。**2〜3か月**保存できる。

タラ

保存 水気をふいて塩をふる

1切れずつラップで包み、低温冷蔵で**1〜2日**。

トレーから出し、生タラは塩をふる。

生タラも甘塩タラも、キッチンペーパーでしっかり水気をとる。

冷凍 塩をするか加熱して冷凍

生タラは塩をふり、水気をしっかりふく。1切れずつラップして急速冷凍して密閉袋へ。**2〜3週間OK**。

沸騰した湯で、タラをさっとゆでる。

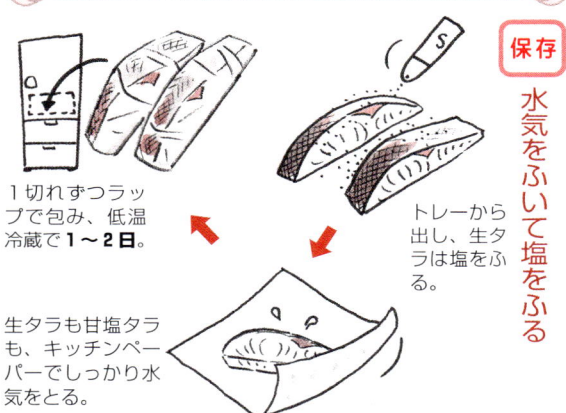

水気をとり、ラップして冷凍なら、約**1か月**もつ。凍ったまま鍋や煮物に。

Part 2 魚介類の章 切り身魚

魚介類

タラ

Cooking memo
かす漬けでフリージング

1
酒かす、砂糖、みりんを各適量ボウルに入れ、よく混ぜる。

2
ラップに1のかす床を塗る。

3
タラをかす床の上に乗せ、上面にもかす床を塗る。

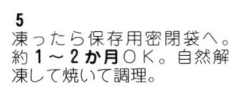

4
ぴったりラップで包み、バットに乗せて急速冷凍。

5
凍ったら保存用密閉袋へ。約 **1～2か月** OK。自然解凍して焼いて調理。

75

マグロの刺身

サクで買ってきたら水気をふき、ラップで包んで低温冷蔵。その日のうちに食べる。

サクは切り口が新鮮で、色が鮮やか、トレーに水分が出ていない新鮮なものを選ぶ。

しょうゆ、みりん、酒を合わせた調味液に漬けて「漬け」にして低温冷蔵なら、**1〜2日OK**。

保存 残りそうなら「漬け」にする

自然解凍し、片栗粉や小麦粉をつけて揚げる加熱調理がおすすめ。

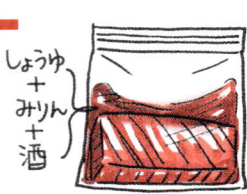

解凍ものは再冷凍しないのが原則。冷凍するなら「漬け」で冷凍を。保存用密閉袋に刺身と調味液を入れる。**2〜3週間OK**。

冷凍 解凍ものは再冷凍に向かない

Part 2　魚介類の章　刺身

サーモン・白身魚の刺身

魚介類

マグロの刺身・サーモン・白身魚の刺身

冷凍 塩をふってフリージング

サクの刺身は、塩をふり水気をふく。

ぴったりラップして急速冷凍。**2週間**もつ。ムニエルやフライに。

保存 サクも切ったものも当日食べる

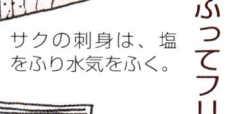

パックのまま低温冷蔵でその日のうちに食べる。

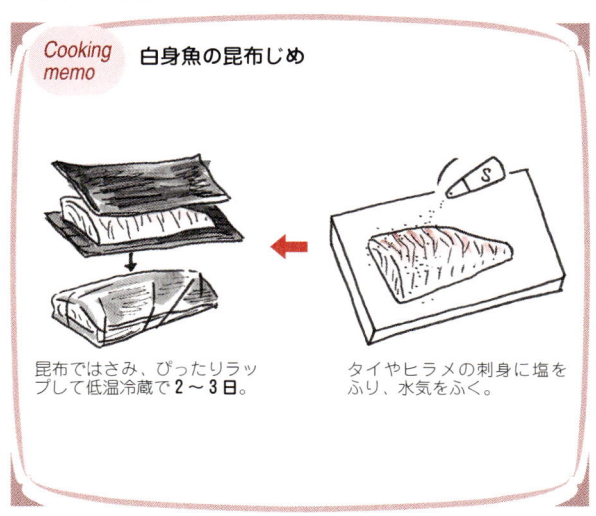

Cooking memo　**白身魚の昆布じめ**

タイやヒラメの刺身に塩をふり、水気をふく。

昆布ではさみ、ぴったりラップして低温冷蔵で **2〜3日**。

カツオの刺身

冷凍 ラップで包んでフリージング

トレーから出して水気をふき、半分に切って、ラップで包み急速冷凍。**2週間**OK。加熱調理がおすすめ。

保存 低温冷蔵で当日に調理

サクのカツオは、トレーのまま低温室へ。**当日**に食べる。表面を炙ってあるものも同様。

しょうゆ みりん 酒

調味液に漬けて保存するなら**2〜3日**OK。加熱するなら**4〜5日**大丈夫。

Cooking memo　カツオをゆでてフリージング

1 カツオをさっとゆでる。

2 水気をふいて食べやすい大きさに切り、1切れずつラップしてバットで急速冷凍。

3 保存用密閉袋で**2か月**OK。自然解凍で和え物に、凍ったまま煮物に加えても美味。

Part 2 魚介類の章 （刺身・貝）

アサリ・ハマグリ・シジミ

魚介類

カツオの刺身・アサリ・ハマグリ・シジミ

保存 砂抜きしながら冷蔵が正解

貝は傷みやすいので、買ってきたらすぐに砂抜きを。アサリとハマグリは塩水（3％）に、シジミは真水につけて、そのまま野菜室へ。1日2回水を交換すれば**2日**は大丈夫。

固く殻を閉じている、さわるとキュッと殻を閉じるものが新鮮。

冷凍 殻付きは生で、むき身は加熱

むき身は生でも冷凍できるが、ゆでて冷凍すると衛生的。水気を切り、小分けにしてラップで包んで冷凍。**1～2か月**もつ。

新鮮なアサリ、ハマグリ、シジミは砂抜きし、洗って水気をとり、生のまま保存用密閉袋へ。

ストローで空気を抜いて冷凍。**1か月**OK。凍ったまま汁ものやパスタに活用。

ホタテ

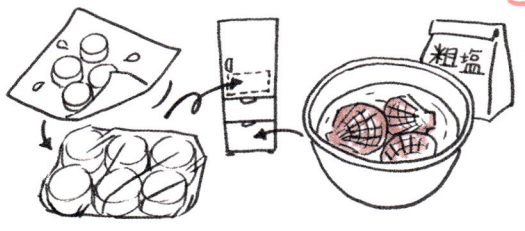

保存

殻付きは塩水につけて冷蔵

生の貝柱は、パックから出して水気をふき、ラップで包んで低温冷蔵で**2〜3日**。

殻付きホタテは塩水（3％）につけて野菜室へ。**2日**OK。

冷凍

生でもボイルしてもOK

下ゆでして冷凍すれば**1か月**大丈夫。ボイルしてあるホタテも、保存用密閉袋で冷凍可能。**1か月**OK。

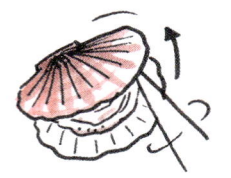

殻付きは殻をはずして洗う。

水気をふき、貝柱とヒモをそれぞれラップし急速冷凍。密閉袋で**2〜3週間**保存可能。

Part 2　魚介類の章　貝

カキ

保存　塩水パックのまま低温冷蔵

塩水入りパックは、そのまま低温室へ。
むき身は塩水（3％）につけて冷蔵。
2〜3日保存できるが、生食は当日、翌日以降は加熱すること。

冷凍　ボイルして冷凍が安心

1
カキは加熱処理して冷凍を。大根おろしで洗うと汚れがよく落ちる。大根がないときは塩水で洗う。

2
沸騰したお湯でさっとゆでて水気をきり、水気をふく。

3
バットに並べて急速冷凍。凍ったら保存用密閉袋で**1か月**OK。

イカ

保存 下処理しておけば使いやすい

ワタをつけたままだと傷みやすいので、すぐ下処理を。各部ごとにラップし、低温冷蔵で **3日**。刺身用は **当日** 食べる。

冷凍 生でもボイルしても便利

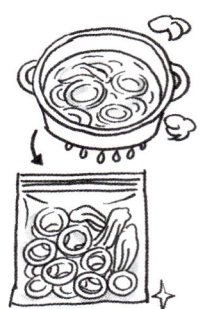

ひと口大に切り、下ゆでして水気をふく。保存用密閉袋で冷凍すれば **2か月** OK。煮物や炒め物に。

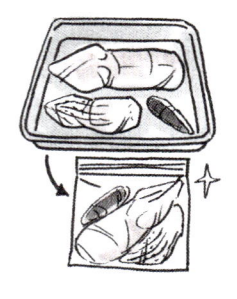

下処理したイカは、胴体、足、スミに分けてラップして急速冷凍。密閉袋で **1か月** 保存できる。

Part 2 魚介類の章 魚介

魚介類

イカ

＜イカの下処理＞

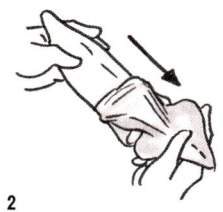

1
胴と足をはがし、ワタ部分をゆっくり引き抜く。

2
エンペラをはがして、そのまま引っぱって皮をむく。

3
スミ袋を破らないようにはずす。

4
ワタと胴体を切り離す。

5
目とくちばしをはずす。

6
吸盤をしごいてとる。

エビ

保存 背ワタを除いて低温冷蔵

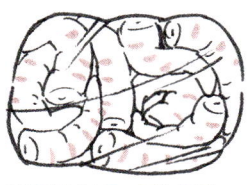

むきエビはラップして低温冷蔵。**2〜3日**OK。

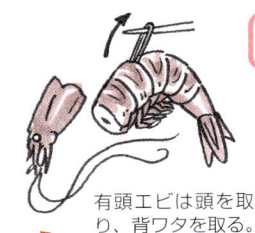

有頭エビは頭を取り、背ワタを取る。

洗って水気をふき、ラップして低温室へ。**2〜3日**で使う。

冷凍 生か塩をふってフリージング

殻をむき、塩をふって水気をとり冷凍。酒をふってもOK。臭みが取れる。**3〜4週間**OK。

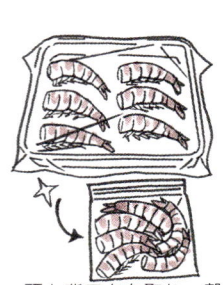

頭と背ワタを取り、殻付きで冷凍なら、**1か月**。流水解凍が便利。

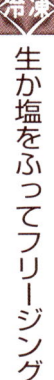

84

Part 2 魚介類の章　魚介

魚介類

エビ

Cooking memo　ゆでエビ、たたきエビが便利

<ゆでて冷凍>

1
殻をむき、背ワタを取ったエビをさっとゆでる。

2
水気をよくふいて冷凍。**2か月OK**。サラダ、炒め物、スープに。

<たたいて冷凍>

1
殻と背ワタを取ったエビは、包丁で細かくたたく。

2
ボウルにエビを入れて塩、コショウして練る。保存用密閉袋で冷凍。エビ団子などに**1か月**以内に使う。

タコ

生タコは塩でもんでぬめりを取る。

ゆでタコはパックから出し、熱湯をさっとかけ、水気を切りラップして低温室へ。**4〜5日**OK。

熱湯でゆでてから低温冷蔵で**4〜5日**。

保存 熱湯をかけておくともちがいい

足を1本ずつラップして急速冷凍。密閉袋で**1か月**保存できる。

そぎ切りやぶつ切りにしてから冷凍すると使いやすい。サラダやマリネ、和え物、炒め物に。

冷凍 使いやすく切ってから冷凍

86

Part 2 魚介類の章 魚介

カニ

保存 　生はすぐにゆでておこう

生のカニはたっぷりの湯でゆでる。

ザルにあげてしっかり冷ましてから、ラップして低温冷蔵で **2〜3日**。ゆでたカニも低温室で **3日** 以内。

冷凍 　丸ごとでも、ほぐしてもOK

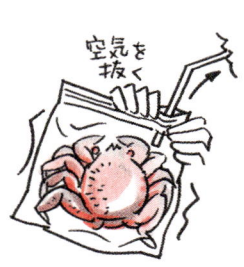

身をほぐしたら、ラップで小分けして急速冷凍し、保存。サラダや和え物に **1か月**OK。

ゆでたカニを丸ごと冷凍するなら、保存用密閉袋に入れ、空気を抜いて急速冷凍。約 **1か月**OK。

干物

保存 1枚ずつラップして低温冷蔵

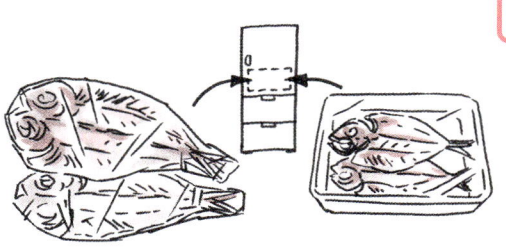

1枚ずつラップで包んで低温室へ。**3〜4日**で食べきる。

日持ちするように思われがちだが、買ってきたトレーのまま低温冷蔵で**2〜3日**。

冷凍 アルミホイルで酸化防止

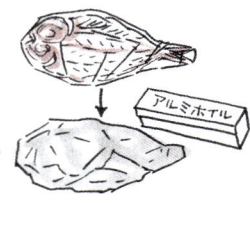

冷凍保存で約**1か月**OK。

脂が多く酸化しやすいので、1枚ずつラップしたら、さらにアルミホイルで包むとよい。

Part 2　魚介類の章　魚加工品

漬け魚

魚介類 — 干物・漬け魚

冷凍 バットに乗せて急速冷凍！

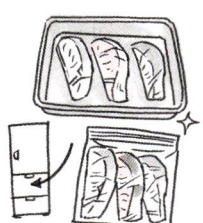

1切れずつラップしたらバットに乗せて急速冷凍。凍ったら保存用密閉袋へ。**1〜2か月**OK。

保存 1切れずつラップしておこう

みそ漬け、かす漬け、西京漬けなどの切り身は、1切れずつラップして低温冷蔵で**4〜5日**。

Cooking memo　焼いてほぐしてフリージング

網やフライパンで魚を焼き、身をほぐして冷ます。

保存用密閉袋に入れて急速冷凍。お弁当のごはんに乗せたり、お茶漬けの具に。**1〜2か月**OK。

しらす干し

保存 ポリ袋で低温冷蔵がおすすめ

ポリ袋に移すかラップして低温冷蔵なら、**4～5日**OK。じゃこなら**10日**程度。

トレーのまま冷蔵保存なら、**2～3日**で食べる。

冷凍 保存用密閉袋なら使いやすい

凍ったままチャーハンや混ぜごはん、和え物などに。使うぶんだけ出せばOK。**1か月**を目安に使いきる。

保存用密閉袋に入れて、バットに乗せて急速冷凍。凍ったらバットをはずす。

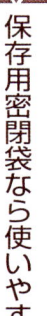

Part 2 魚介類の章 （魚加工品）

タラコ・明太子

魚介類

しらす干し・タラコ・明太子

冷凍　1/2腹ずつ包んで保存容器へ

½腹に分けてラップしておくと使いやすい。バットで急速冷凍。密閉容器で保存。**1〜2か月**OK。自然解凍で使おう。

保存　ひと腹ずつラップしておく

ひと腹ずつラップで包んで低温冷蔵。うす塩なら**2〜3日**。明太子は**4〜5日**OK。

Cooking memo　ペーストや焼きタラコにする

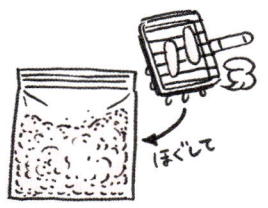

焼きタラコをほぐして、保存用密閉袋をバットに乗せて急速冷凍。お弁当、おにぎり、お茶漬けに**1〜2か月**OK。

皮をむいてペースト状にし、小分けにラップして急速冷凍。密閉袋で保存。タラモサラダや、パスタに**1〜2か月**OK。

いくら・かずのこ

生いくらはしょうゆ、酒、みりんに漬け込む。**10日**くらい保存できる。

塩漬けいくらはパックのまま低温保存で**3〜4日**。

塩かずのこは塩分が強いので、乾燥を防いで冷蔵すれば**1か月**OK。

保存 生いくらはしょうゆ漬けにする

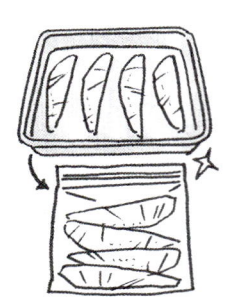

かずのこは1個ずつラップしてバットで急速冷凍。密閉袋で**2〜3か月**OK。自然解凍で食べる。

いくらは小分けしてラップで包んでバットで急速冷凍。密閉袋で**1か月**保存できる。自然解凍で食べる。

冷凍 小分けフリージングがおすすめ

Part 2 魚介類の章 （魚加工品）

魚介類

いくら・かずのこ・ウナギ・スモークサーモン

ウナギ

冷凍 1枚ずつラップしておこう

ラップで1枚ずつ包んでバットで急速冷凍。保存用密閉袋で **1〜2か月**。

保存 商品の賞味期限をチェック

かば焼き、白焼きは、ラップして冷蔵で **2〜3日**。パックのものは賞味期限をチェック。

スモークサーモン

冷凍 1枚ずつ広げて冷凍しよう

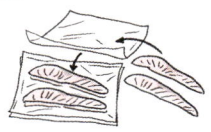

ラップにサーモンを広げて乗せ、間にラップをはさみながら何段か重ねる。

↓

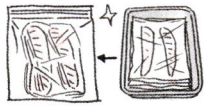

バットで急速冷凍し、保存用密閉袋へ。**1〜2か月**OK。

保存 乾燥を防いで低温室へ

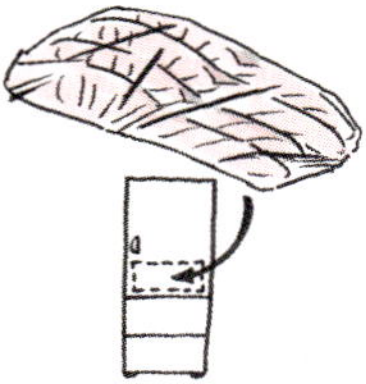

ぴったりラップして、低温冷蔵で約 **1週間**。

＜練り製品＞

素材	保存	冷凍
ちくわ	冷蔵か低温冷蔵。賞味期限を目安に。開封したら2日以内に食べる。	そのまま冷凍するとスカスカになるので、輪切りにして保存用密閉袋で冷凍。煮物などに利用。保存期間は1か月。
かまぼこ	冷蔵か低温冷蔵。賞味期限を目安に。開封したら切り口にラップして3日以内に食べる。	かたまりで冷凍すると食感が変わりやすい。小さく刻んで保存用密閉袋で冷凍。お吸い物やチャーハンなどに。保存期間は1か月。
はんぺん	冷蔵か低温冷蔵。賞味期限を目安に。開封したら当日に食べる。	そのまま冷凍できる。保存用密閉袋で冷凍。保存期間は1か月。
さつまあげ	表面の油をキッチンペーパーでふき、ラップして冷蔵か低温冷蔵。3〜4日以内。	そのまま冷凍できる。1枚ずつラップし、さらにアルミホイルで包むと酸化防止になる。保存期間は1か月。
カニかまぼこ	冷蔵か低温冷蔵。賞味期限を目安に。開封したら2日で食べる。	1本ずつ保存用密閉袋で冷凍。保存期間は1か月。

Part 3

野菜の章

「キュウリ・ナス・キャベツ・ダイコン…」
丸ごともカット野菜もこの裏ワザでフレッシュなまま!

野菜をおいしく保存するポイント

ポイント1　新鮮な野菜を選ぶのが基本

野菜は新鮮なものを選び、上手に保存しておいしく食べきりたいもの。新鮮な野菜は、どんな種類も色が濃く鮮やかで、みずみずしいのが特徴です。

キュウリは表面のとげが、チクチクと痛いほどにとがっているのが新鮮。レタス、キャベツ、白菜などは、重みがあり形がよいものを選びます。トマト、ナス、ピーマンなどの実ものは、皮がピンと張ってツヤがあり、ヘタがしおれていないものが新鮮です。

ポイント2　丸ごと・土つきがおすすめ

野菜の新鮮さを保つには、できるだけ畑からとってきたままの状態を保つことがおすすめ。キャベツ、白菜、カボチャなどはカットして売っているものもありますが、野菜は切り口から乾燥したり、傷んだりしやすいものです。丸ごと買ったほうが鮮度を保てます。

また、ダイコンやゴボウ、イモ類など、泥つきのものは洗わずに保存すること。新聞紙などに包み、直射日光の当たらない冷暗所に置くと長持ちします。

ポイント3 自然に近い状態で保存しよう

野菜は収穫した後も、蓄えられた養分を使って生きています。畑では縦にはえている野菜を寝かせて保存すると、起き上がろうとしてムダなエネルギーを使い、栄養価も下がってしまいます。ニンジン、ダイコン、ねぎ、アスパラガスなど、縦に生える野菜はすべて、立てて保存することが大切。牛乳パックなどで工夫して（P119）、野菜室の中に立てるようにしましょう。

また、野菜は低温に弱いものも多いので、冷蔵庫の中でも湿度・温度が高い野菜室に入れるのが基本です。

ポイント4 加熱すれば冷凍もできる！

多くの野菜は、生のままでは冷凍に向きません。野菜は水分や繊維を多く含むため、冷凍、解凍すると組織が壊れたり繊維だけが残ったりして食感が悪くなるからです。例外として、ダイコンおろしや細かく刻んだ香味野菜などは、生のままでも冷凍可能です。

ほかの野菜は、固ゆでや電子レンジ加熱などのひと手間をかけて冷凍すること。加熱したらよく冷まし、バットなどに広げて冷凍室に入れ急速冷凍し、保存用密閉袋で保存。冷凍した野菜はサラダなど生で食べるより、凍ったまま加熱調理するのがおすすめです。

キュウリ

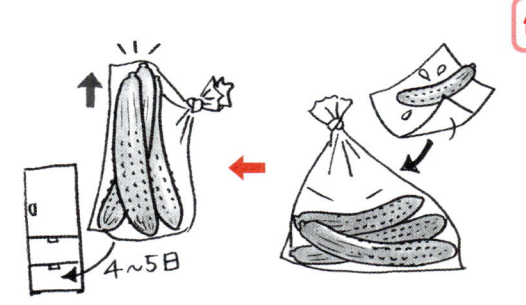

保存 水気を嫌うので洗わず冷蔵

切り口を上にして野菜室に立てる。**4〜5日**保存できる。

水気があると傷みやすいので、水気をふいてポリ袋に入れ口を閉じる。

冷凍 塩もみすれば冷凍できる

ラップに小分けしバットで急速冷凍。密閉袋で**1か月**もつ。自然解凍して和え物などに。

生での冷凍は不可。薄切りにして塩もみし、洗って水気を切る。

Part 3　野菜の章　実もの野菜

ピーマン・パプリカ

野菜

キュウリ・ピーマン・パプリカ

冷凍　カットしてから冷凍する

ヘタと種を取り、細切りにして急速冷凍。凍ったまま調理する。

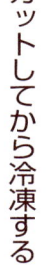

カットして軽く塩ゆでして冷凍なら**1か月**、色鮮やかなまま。

保存　野菜室で冷蔵保存

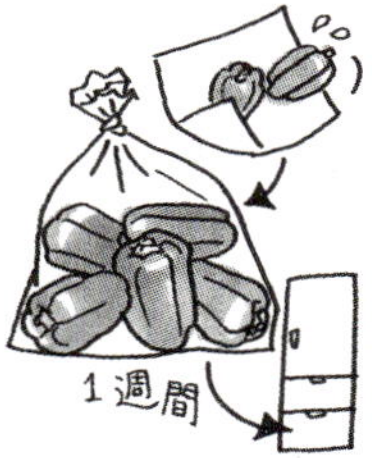

水気をふいてポリ袋に入れ、野菜室へ。**1週間保存**できる。

Cooking memo　焼きパプリカの冷凍保存

パプリカは縦半分にし、ヘタと種を取ってオーブンやグリルで焼く。

→

薄皮をむいて冷凍。凍ったままサラダ、マリネなどに使おう。**1か月**OK。

ナス

保存 低温に弱い！ 生か下ゆでして

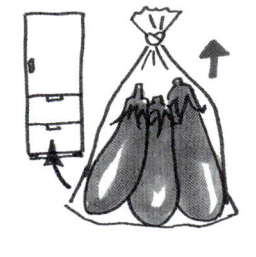

ひと口大に切ってゆで、水気を切って冷ましてからポリ袋で冷蔵で **3日**。和え物や炒め物に。

低温に弱いので、ポリ袋に入れて野菜室に立てる。**4日**ほどOK。

冷凍 加熱すれば冷凍も可能

生で冷凍するとスが入るのでNG。ひと口大に切って炒めて冷凍。

油を切り、バットに乗せて急速冷凍。保存用密閉袋で保存し、**1か月**以内に使う。

ひと口大に切り、油で素揚げしてからの冷凍もOK。

野菜

ナス

Cooking memo　いろいろ使える焼きナスの保存

1 ナスを丸ごと魚焼き網かグリルで、皮が黒くなるまで焼く。

2 冷まして粗熱を取ってから、手で皮をむく。

3 1本ずつラップに包んで、バットに並べて急速冷凍。凍ったら密閉袋へ。保存期間は**1か月**。

4 半解凍で切り、汁ものや炒め物などに使うと便利。

半解凍で！

汁ものやメンの具に

トマト・ミニトマト

保存 ヘタを下にして野菜室へ

パック入りのミニトマトはそのまま野菜室で冷蔵。**4〜5日**OK。

ポリ袋に入れてヘタを下にし、重ならないように野菜室で保存。**4〜5日**はOK。

冷凍 生で冷凍し1か月は保存可能

冷凍トマトを水につけると簡単に皮がむける。トマトソースなどに活用。

丸ごと1個ずつラップで包み、保存用密閉袋に入れて急速冷凍。**1か月**OK。

Part 3 野菜の章 実もの野菜

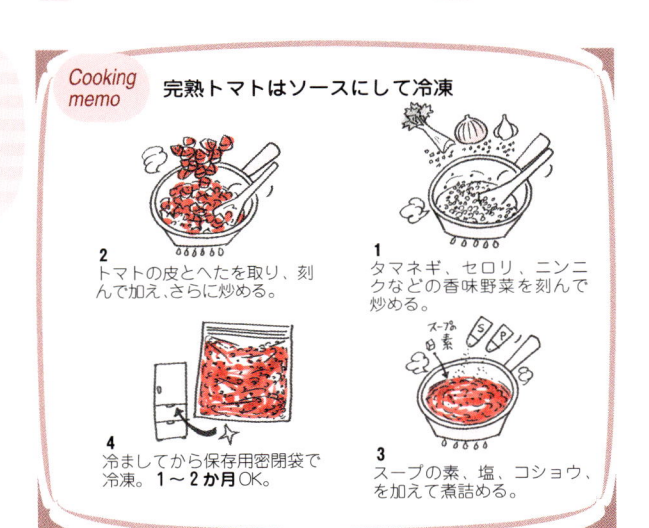

野菜

トマト・ミニトマト

Cooking memo 完熟トマトはソースにして冷凍

1 タマネギ、セロリ、ニンニクなどの香味野菜を刻んで炒める。

2 トマトの皮とへたを取り、刻んで加え、さらに炒める。

3 スープの素、塩、コショウ、を加えて煮詰める。

4 冷ましてから保存用密閉袋で冷凍。**1〜2か月**OK。

ザク切りで冷凍も便利。へたを取り、皮をむいてザク切りにする。

保存用密閉袋に入れて平らにし、バットで急速冷凍。保存は**1か月**。

ブロッコリー・カリフラワー

保存 固ゆでして冷蔵してもOK

小房に切り分け固ゆで。水気を切り密閉容器で冷蔵。**2〜3日**もつ。

ラップで包み、野菜室に立てて保存。黄色くなる前に**2〜3日**で食べきる。

冷凍 冷凍前に水気を切るのがコツ

生の冷凍は不向き。小房に分け、固めの塩ゆでに。

ザルでよく水気を切り、バットで急速冷凍。

保存用密閉袋で冷凍して、**1か月**OK。霜がつきやすいので早めに使おう。

Part 3 野菜の章 実もの野菜

カボチャ

野菜

ブロッコリー・カリフラワー・カボチャ

保存 種とワタが傷みやすいので注意

カットしたカボチャは種とワタを取る。ラップして冷蔵保存で **1週間**。

丸ごとは **2〜3か月** OK。新聞紙に包み冷暗所で保存。夏は野菜室へ。

冷凍 用途に合わせて冷凍保存

生の冷凍は不可。ひと口大に切り、電子レンジで固めに加熱。

あるいは、熱いうちにつぶし、マッシュで冷凍してもよい。コロッケやスープなどに便利。**1〜2か月** OK。

バットで急速冷凍し、密閉袋へ。凍ったまま煮物に。**1〜2か月** OK。

トウモロコシ

保存 鮮度が命！ 早く食べよう

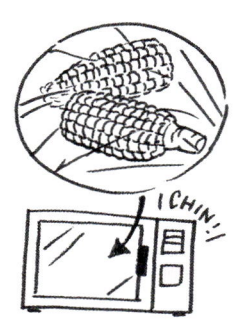

加熱して冷蔵もOK。ゆでるか電子レンジで加熱し、ラップで包んで冷蔵。**2日**OK。

皮をむいてヒゲをとり、1本ずつラップ。野菜室で**1〜2日**。

冷凍 下ゆでしておいしさキープ

Cooking memo
バラして冷凍

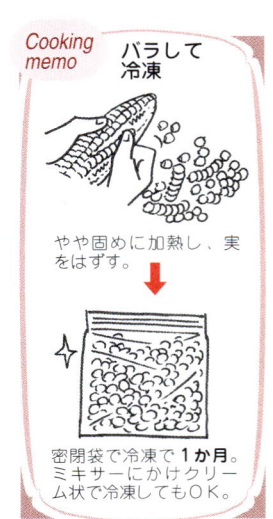

やや固めに加熱し、実をはずす。

密閉袋で冷凍で**1か月**。ミキサーにかけクリーム状で冷凍してもOK。

ゆでて約3センチの輪切りにする。

1個ずつラップして冷凍し、密閉袋へ。**1か月**OK。

Part 3　野菜の章　実もの野菜

ゴーヤ

野菜

トウモロコシ・ゴーヤ

保存 ぴったりラップして野菜室

ワタから傷むので、カットしたらワタと種を取る。ラップして冷蔵で**2日**。

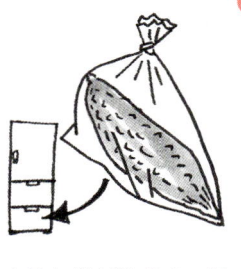

丸ごとポリ袋に入れ、野菜室で約**1週間**。

冷凍 さっとゆでて冷凍がおすすめ

Cooking memo　炒めて冷凍

薄切りゴーヤを炒め、冷まして冷凍。ゴーヤチャンプルーなどに凍ったまま使う。**1か月OK。**

縦半分に切りワタと種を取り、薄切りにしてさっとゆでる。

平らに並べて冷凍。凍ったら保存用密閉袋で約**1か月**。

ズッキーニ・とうがん

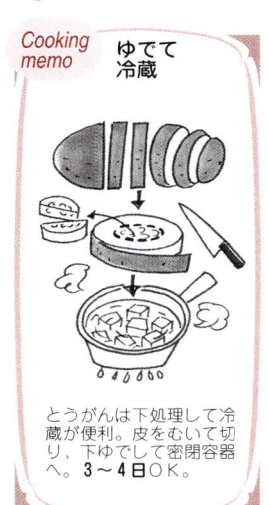

Cooking memo

ゆでて冷蔵

とうがんは下処理して冷蔵が便利。皮をむいて切り、下ゆでして密閉容器へ。3〜4日OK。

保存 カットしたら野菜室へ

低温を嫌うので丸ごと常温保存。ズッキーニは4〜5日、とうがんは1週間。

カットしたらラップして野菜室で2〜3日。

冷凍 ズッキーニはゆでて冷凍

とうがんは冷凍不可。ズッキーニは輪切りにして固めにゆでる。

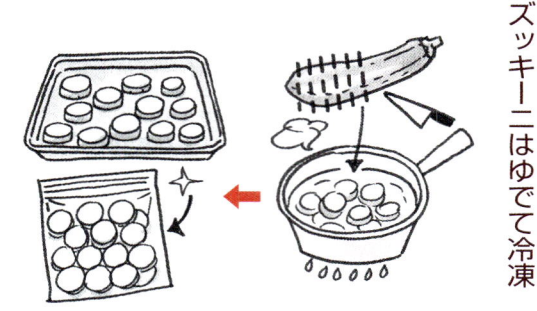

バットに平らに広げて急速冷凍。保存用密閉袋に移して冷凍保存で1か月。

Part 3　野菜の章　(実もの野菜)

オクラ・シシトウ

野菜

ズッキーニ・とうがん・オクラ・シシトウ

Cooking memo

ゆでて冷蔵

オクラは塩をふってこすりうぶ毛を取る。丸ごとさっとゆでて密閉容器で冷蔵。**2日**OK。

保存　乾燥させないのがポイント

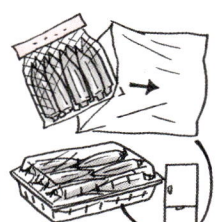

オクラは乾燥しないようポリ袋に入れ、シシトウはパックのまま野菜室へ。**4〜5日**OK。

冷凍　生はダメ。ゆでてフリージング

ゆでて小口切りにして冷凍。凍ったまま汁物などに**2〜3週間**。

オクラ、シシトウはさっとゆでて冷水にとり、水気をふいて冷凍で**1か月**。和え物や炒め物に。

ほうれん草・小松菜

保存 湿らせた新聞紙で包んで保存

青菜類は、束ねてあるときはほどく。湿らせた新聞紙などで全体を包んでポリ袋へ。野菜室に立てて入れれば約 **1週間** OK。

冷凍 固めにゆでてフリージング

生での冷凍は不可。たっぷりのお湯に根元から入れ、固めにゆでる。

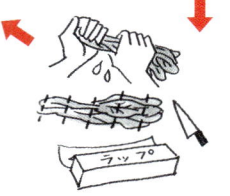

水分をしぼって適度な長さに切り、ラップに包む。

バットで急速冷凍。冷凍したら保存用密閉袋に入れ、冷凍保存で **2〜3週間**。みそ汁やおひたし、炒め物などに。

Part 3　野菜の章　葉もの野菜・茎野菜

春菊・水菜

野菜

ほうれん草・小松菜・春菊・水菜

保存　ポリ袋に入れてシャキッと保存

軽くゆでて冷蔵してもOK。水気を絞り、密閉容器で **2日**。和え物などに利用。

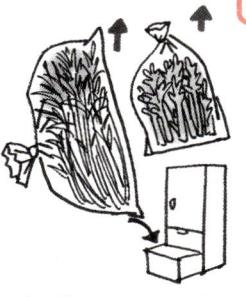

ポリ袋に入れて野菜室に立てて冷蔵。日持ちしないので **3〜4日** 以内に食べよう。

Cooking memo　水菜を塩もみで冷凍

適当な長さに切った水菜に塩をふってもむ。水気を絞って冷凍。和え物に利用。**2〜3週間**OK。

冷凍　下ゆでして冷凍が原則

固めにゆでて水気を絞り、適当な長さに切る。ラップで小分けし、バットで急速冷凍し、密閉袋で **1か月**。和え物などに。

菜の花

保存 下ゆでして食べ頃をキープ

つぼみが開かないうちに固めにゆで、水気を絞って密閉容器へ。冷蔵で2～3日OK。

生で保存するなら、ポリ袋に入れ野菜室に立てて2～3日。

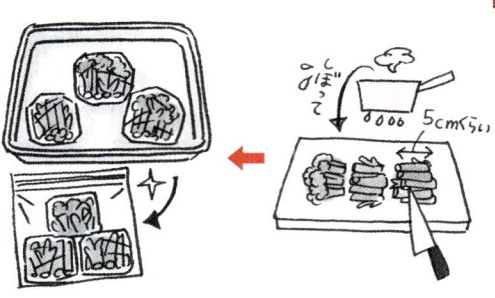

冷凍 固めにゆでておいしく冷凍

ゆでて水にさらしてから、水気を絞り、切る。

小分けにしてラップしてバットで急速冷凍。密閉袋で**2週間**OK。自然解凍でからし合えなどに利用。

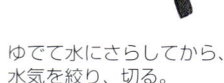

Part 3 野菜の章 葉もの野菜・茎野菜

チンゲンサイ

野菜

菜の花・チンゲンサイ

保存 水気をふいて立てて保存

固ゆでして水気を絞り、密閉容器で **3日**。炒め物などに。

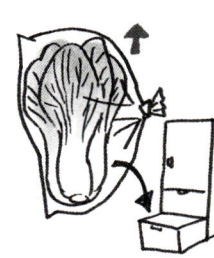

ポリ袋に入れ、野菜室で立てて保存。**2〜3日**OK。

冷凍 ゆでればフリージングOK

ラップで小分けに包んでバットで急速冷凍。保存用密閉袋で約 **2週間**。煮びたしなどに。

生で冷凍は不向き。下ゆでして、水気を絞ってカット。

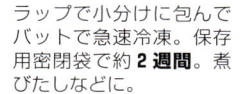

キャベツ

保存 丸ごと保存が長持ち！

芯をくりぬき塗らしたペーパーをつめると、約**2週間**も長持ち。外側から1枚ずつ使う。

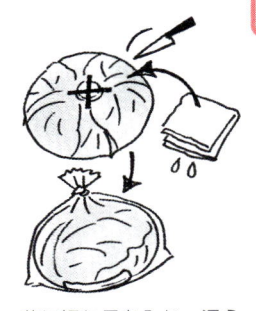

芯に切り目を入れ、湿らせたペーパーを芯にあててポリ袋へ。芯を下にして野菜室で約**1週間**。

Cooking memo
電子レンジで簡単酢漬け

千切りキャベツに酢、塩、コショウなどを入れ、電子レンジで加熱。密閉容器で冷蔵して**1週間**。

カットしたキャベツは、ラップで全体をきっちりと包んで冷蔵室へ。**3〜4日**OK。

Part 3 野菜の章 葉もの野菜・茎野菜

野菜

キャベツ

冷凍

生・下ゆでとも冷凍できる

生で冷凍するときはザク切りに。

水気をふいて保存用密閉袋に入れて冷凍。**約2週間**。炒め物などに利用。

1枚ずつはがし軽くゆでて、水気をふく。

1枚ずつラップに広げてバットで急速冷凍。保存用密閉袋で保存。**1か月OK。**

白菜

保存 立てて冷蔵すれば長持ち

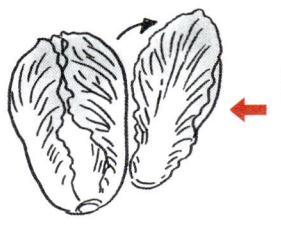

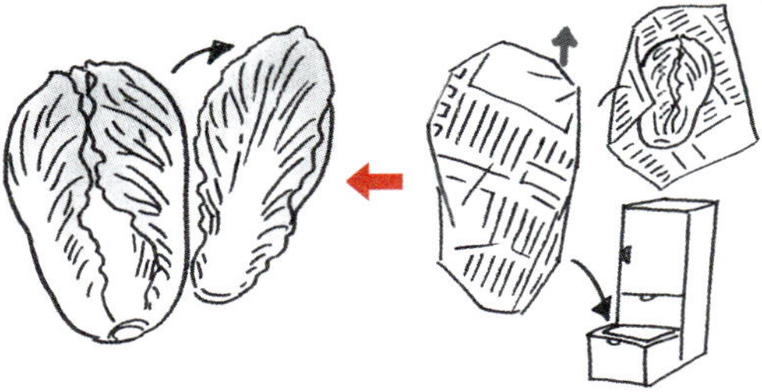

使うときは外側から、1枚ずつはがして使えば **2週間**OK。

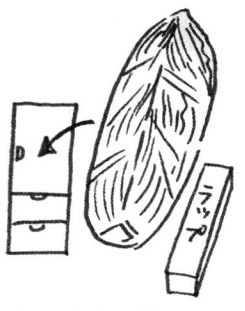

丸ごとの白菜は乾いた新聞紙で包み、立てて野菜室へ。

ゆでて冷蔵もOK。ザク切り白菜をさっとゆで、水気を切って密閉容器へ。冷蔵で **2〜3日**。

カットした白菜はラップで包んで冷蔵。**4〜5日**保存可。

Part 3 野菜の章 葉もの野菜・茎野菜

野菜

白菜

Cooking memo 保存食の定番漬け物に！

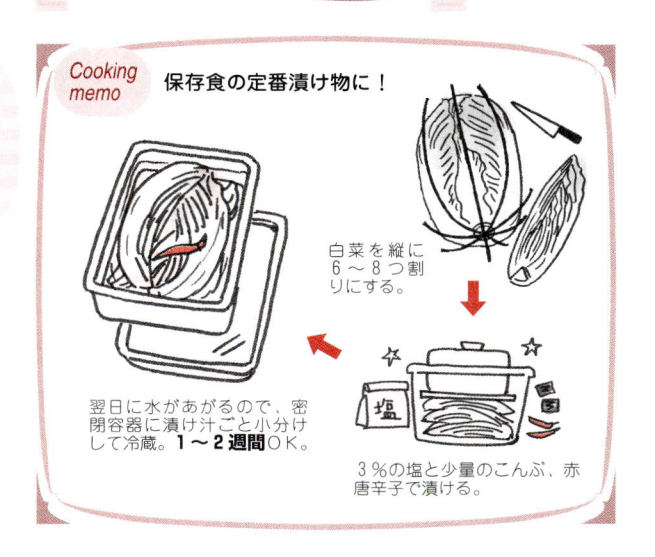

白菜を縦に6〜8つ割りにする。

3％の塩と少量のこんぶ、赤唐辛子で漬ける。

翌日に水があがるので、密閉容器に漬け汁ごと小分けして冷蔵。**1〜2週間**OK。

冷凍

ゆでてフリージングが便利！

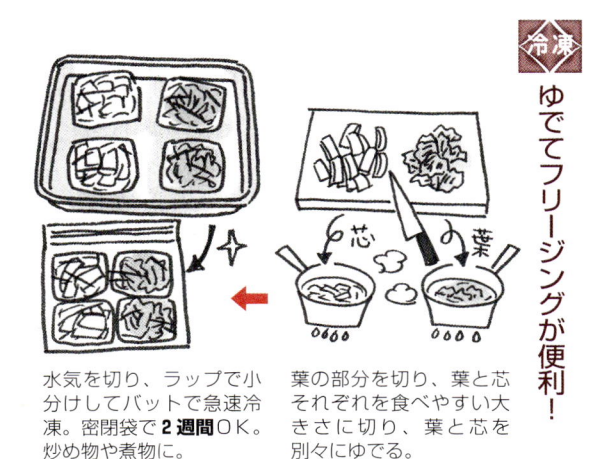

葉の部分を切り、葉と芯それぞれを食べやすい大きさに切り、葉と芯を別々にゆでる。

水気を切り、ラップで小分けしてバットで急速冷凍。密閉袋で**2週間**OK。炒め物や煮物に。

117

レタス・サラダ菜・サニーレタス

保存 小麦粉でパリッとおいしく

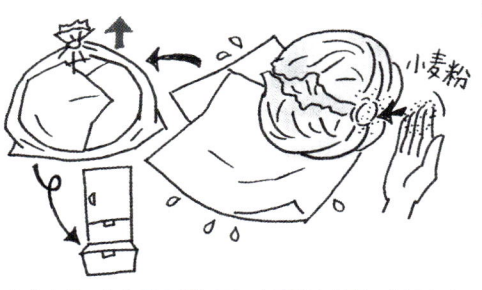

水分を保つため芯の切り口に小麦粉を塗る。湿らしたペーパーで包み、ポリ袋に入れ、切り口を下にして野菜室へ。**1週間**OK。

冷凍 さっとゆでてフリージング

シャキシャキ感はなくなるが、下ゆでして冷凍で**2週間**。炒め物に活用。

Cooking memo 加熱して食べてもOK

レタスが余るときは、炒め物やチャーハン、スープなどに使うのもおすすめ。

Part 3 野菜の章 葉もの野菜・茎野菜

グリーンアスパラガス

野菜

レタス・サラダ菜・サニーレタス・グリーンアスパラガス

保存 立てて保存で鮮度を保つ

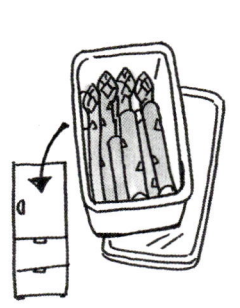

ゆでたアスパラガスは、密閉容器に入れて冷蔵で**2日**。

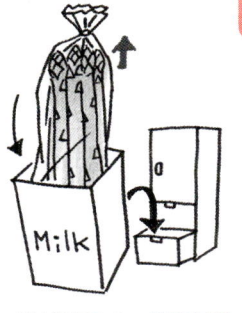

ポリ袋に入れ、野菜室で立てて保存。倒れないよう牛乳パックなど使って。**2〜3日OK**。

冷凍 固めに加熱してフリージング

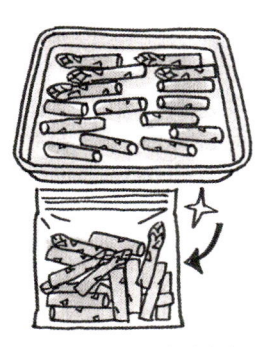

根元からゆでる

バットに並べて急速冷凍。凍ったら保存用密閉袋へ。**1か月OK**。炒め物などに。

固めにさっとゆで、水気を切ってカットする。

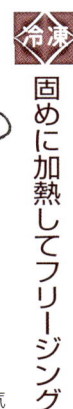

セロリ

保存 葉と茎を分けるのが秘訣！

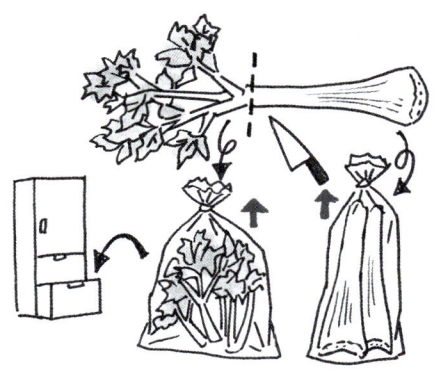

葉と茎を切り分け、それぞれポリ袋に入れ野菜室へ。葉は **2〜3日**、茎は **3〜4日**もつ。

冷凍 冷凍すれば1か月OK

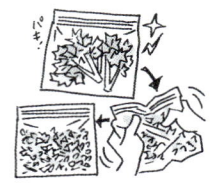

葉を生で冷凍し、粉々にもんで薬味に。

葉と茎をさっと炒めて冷凍してもOK。煮込み料理の香りづけなどに活用。**1か月**OK。

茎の部分は薄切りでバットで急速冷凍。保存用密閉袋で**1か月**。

Part 3 野菜の章 葉もの野菜・茎野菜

ニラ

野菜 セロリ・ニラ

保存 水にさして鮮度をキープ

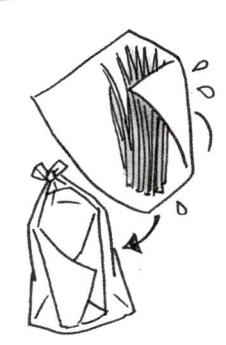

湿らせたペーパーで包み、ポリ袋に入れて冷蔵しても**2〜3日**もつ。

牛乳パックに根元だけがつく程度の水を入れ、ニラを立てて冷蔵室に。**2〜3日**OK。

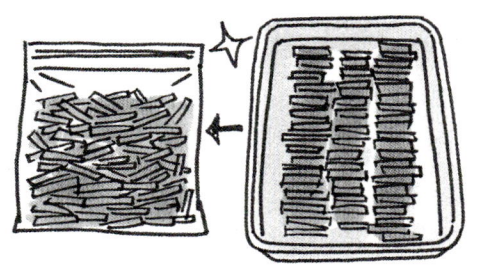

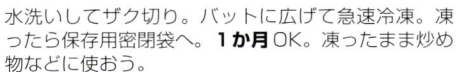

冷凍 生のままフリージングOK

水洗いしてザク切り。バットに広げて急速冷凍。凍ったら保存用密閉袋へ。**1か月**OK。凍ったまま炒め物などに使おう。

タケノコ

保存 すぐにゆでるのが原則

水洗いして皮をむき、水をはった密閉容器に入れ冷蔵。毎日、水をかえて**1週間**。

風味が落ちるので、すぐゆでること。穂先に切れ目を入れ、米ぬか、唐辛子を入れてゆでる。

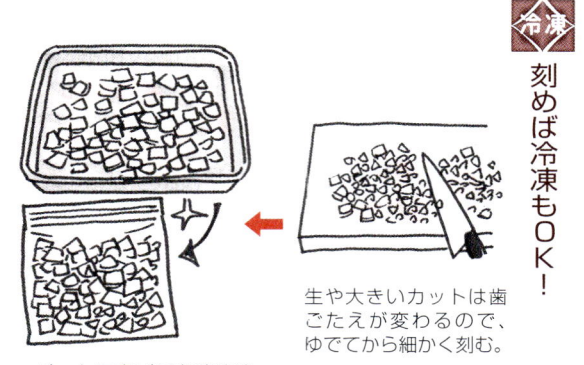

冷凍 刻めば冷凍もOK！

生や大きいカットは歯ごたえが変わるので、ゆでてから細かく刻む。

バットに広げて急速冷凍し、密閉袋へ。凍ったまま炊き込みごはんや炒め物に**1か月**使える。

Part 3　野菜の章　葉もの野菜・茎野菜

クレソン・セリ

野菜

タケノコ・クレソン・セリ

保存　水分を与えておいしく保存

湿らせたペーパーに包み、ポリ袋に入れて冷蔵してもOK。**4〜5日**が目安。

コップの水にさし、ポリ袋に入れ倒れないように冷蔵。**4〜5日**もつ。

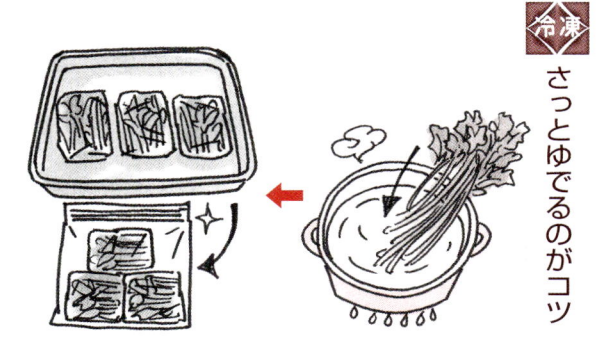

冷凍　さっとゆでるのがコツ

生での冷凍は不向き。さっとゆでて水気をしぼり、小分けにしてラップに包んでバットで急速冷凍。保存用密閉袋で**1か月**。おひたしや和え物に。

123

モロヘイヤ

保存 ゆでて冷蔵がおすすめ

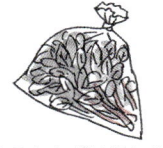

そのままポリ袋に入れて野菜室で保存なら **2日**。

葉をゆでて水気を切って冷まし、密閉容器に入れ、冷蔵すれば **3〜4日**もつ。

葉をつんで水にさらして水気を切り、密閉容器で冷蔵。**3日**OK。

冷凍 細かく刻んで冷凍が美味

保存用密閉袋で冷凍して **1か月**。冷凍モロヘイヤは、凍ったままスープや味噌汁に入れるとおいしい。

葉を固めにゆでて水気を切ってから刻む。

Part 3 野菜の章 葉もの野菜・茎野菜

野菜

モロヘイヤ・うど・ふき

うど

保存 野菜室に立てて保存がいい

低温に弱いので新聞紙に包み野菜室に立てる。**1週間**OK。切ったものは切り口をラップで包んで冷蔵室で**3〜4日**。

冷凍 下ゆでしてフリージング

皮をむいて切り、酢少々を加えてゆでる。水気を切りラップで小分けして密閉袋で冷凍。和え物などに**1か月**OK。

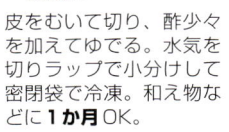

ふき

保存 ゆでて冷蔵も便利

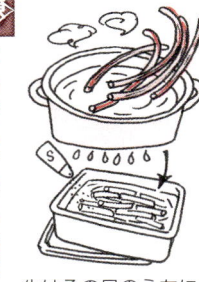

生はその日のうちに処理。塩で板ずりしてゆでてから、皮をむいて切り、薄い食塩水につけて冷蔵で**3〜4日**OK。

冷凍 下ゆでしてから冷凍する

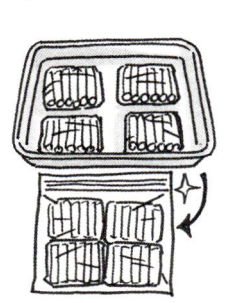

下ごしらえしてゆでたものを、ラップに包みバットで冷凍。保存用密閉袋に入れ、煮ものなどに**1か月**OK。

モヤシ

保存 | 空気に触れさせないのがコツ

軽くゆでて冷まして水を切り、密閉容器で冷蔵も可。**2～3日**で使い切る。

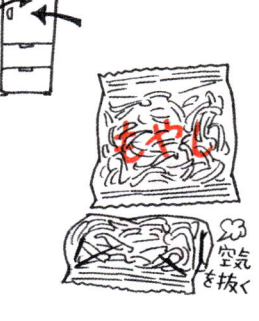

袋のまま冷蔵室で**1～2日**。使いかけは空気を抜いて冷蔵。

冷凍 | 固ゆでしてシャキ感をキープ

生では冷凍不可。塩少々を入れて固めにゆで、水気を切って冷凍。凍ったまま炒め物などに**2週間**使える。

Part 3　野菜の章　葉もの野菜・茎野菜

スプラウト（かいわれ大根など）

野菜

モヤシ・スプラウト（かいわれ大根など）

保存　パックのまま冷蔵室でOK

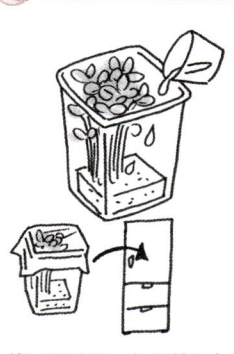

使いかけは、ときどき水をさし、ラップをかけて冷蔵。黄変するので**2〜3日**で使う。

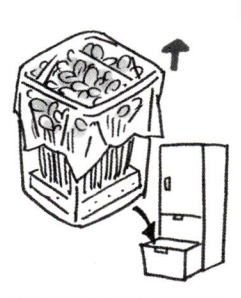

かいわれ大根など根のついたパック入りのものは、ラップして野菜室に立てて**2〜3日**。

冷凍　さっと下ゆでしてフリージング

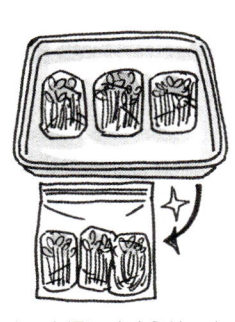

さっと湯にくぐらせ、水気を切って小分けしてバットで冷凍し、密閉袋で**1か月**。食感が変わるのでスープなどに利用。

さっとゆでてもOK。スプラウト類をさっとゆでて水気を切り、密閉容器で冷蔵で**3〜4日**。サラダや和え物に。

タマネギ

保存 風通しが長持ちのポイント

新玉ねぎは傷みやすいので野菜室へ入れ、**1週間**。

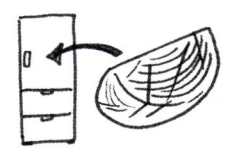

切ったらラップをして冷蔵。**4～5日**OK。

1〜2か月OK!

カゴやネットに入れ、風通しがよい冷暗所におくと夏場以外は**1～2か月**OK。

冷凍 下ごしらえをかねて加熱を

生の冷凍はダメ。みじん切りを電子レンジで加熱し、保存用密閉袋で冷凍して**1か月**。

塩もみすれば生で冷凍OK。サラダやドレッシングに**1か月**。

Cooking memo — 炒めて冷凍

スライスしてしっかり炒める。保存用密閉袋で冷凍。カレーやパスタ、スープなどに**1か月**使える。

Part 3　野菜の章　根もの野菜

ニンジン

野菜

タマネギ・ニンジン

保存 野菜室に立てて入れよう

カットしたら水気をふき、ラップして冷蔵で**4〜5日**。

新聞紙で包んでポリ袋へ。野菜室に立てて**1週間**。泥つきは**2週間**OK。

Cooking memo 塩ゆでして冷凍

輪切りやシャトー切りで塩ゆでして冷凍。凍ったままお弁当やシチューなどに**1か月**OK。バットで急速冷凍し、密閉袋で保存。

冷凍 カットすれば生の冷凍もOK

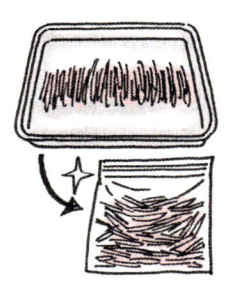

大きいまま生での冷凍は不向き。千切りにして冷凍なら約**2週間**。バットで急速冷凍し、密閉袋で保存。炒め物などに。

ダイコン

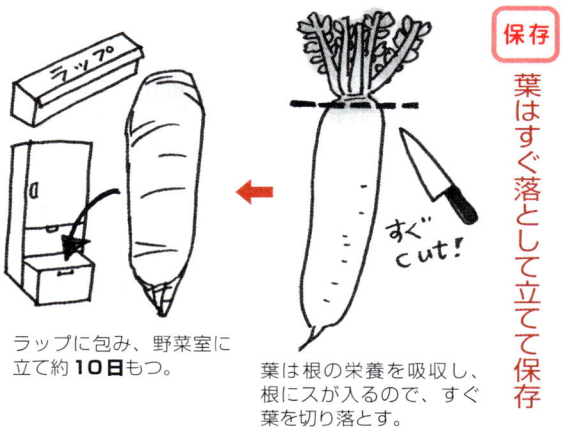

保存 葉はすぐ落として立てて保存

ラップに包み、野菜室に立て約**10日**もつ。

葉は根の栄養を吸収し、根にスが入るので、すぐ葉を切り落とす。

すぐcut!

Cooking memo 切り干しダイコンにして保存！

1 料理に使って残った皮を利用してもOK。

2 皮や大根を細切りか薄い短冊切りにする。

3 ザルに広げて風通しのよい場所でカラカラになるまで干す。食物繊維たっぷりの切り干しダイコンは、ポリ袋に入れて常温保存で**1〜2か月**。

常温1〜2か月！

Part 3　野菜の章　根もの野菜

野菜

ダイコン

冷凍　生はおろしてフリージング

生の冷凍は不向きだが、おろせばOK。ダイコンをすりおろす。

おろしたら水気は軽く絞り、小分けにラップに包んでバットで急速冷凍。密閉袋で**2週間**OK。自然解凍で。

葉はゆでてから刻み、ラップに小分けして保存用密閉袋で冷凍。**1か月**OK。

半月切りやイチョウ切りにして下ゆでし、冷まして冷凍なら**1週間**。

カブ

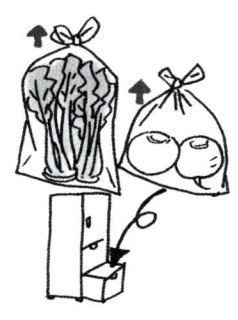

保存 葉と茎と分けて野菜室へ

それぞれポリ袋に入れて野菜室で2～3日OK。

葉をつけておくとスが入るので、つけ根から切り落とす。

冷凍 塩もみか下ゆででフリージング

軽く塩もみしてから水気を絞り冷凍。密閉容器に入れて約2週間。

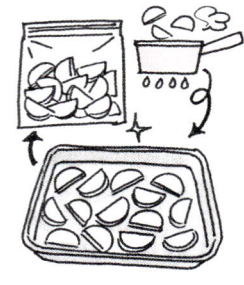

生の冷凍は不可。薄切りにし、固めにゆでて冷ましバットで冷凍し、密閉袋へ。2週間で使い切る。

Part 3　野菜の章　根もの野菜

ゴボウ

保存 泥つきのほうが長持ち！

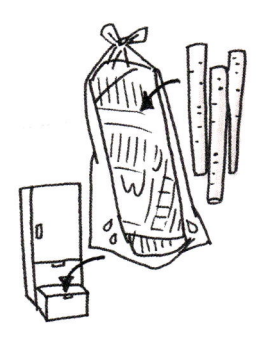

洗いゴボウは湿らせた新聞紙で包み、ポリ袋に入れ野菜室で約**1週間**。

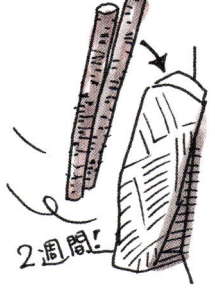

泥つきゴボウは新聞紙に包み、風通しがよい場所におけば**2週間**OK。

冷凍 生はダメ。炒めて冷凍を！

ささがきか薄切りにして酢水につけ、アクを抜く。

軽く塩をふって炒め、小分けして冷凍。きんぴらごぼうなどに**1か月**OK。

レンコン

保存

乾燥を防いで保存しよう

節の途中でカットしてあるものは、ラップで包む。冷蔵で **4〜5日**。

節のままのものは、新聞紙で包み、ポリ袋に入れ野菜室で約 **1週間**。

冷凍

薄切り冷凍ならシャキシャキ！

薄切りで酢水にさらしてからゆで、冷ましてバットで急速冷凍。密閉袋で約 **1か月**。

Cooking memo

酢漬けで1週間OK

煮立てて冷ました甘酢に、薄切りのレンコンを漬け、冷蔵保存で **1週間**。酢の物に利用。

Part 3　野菜の章　根もの野菜

野菜

レンコン・クワイ・ゆり根

クワイ

冷凍 下ゆでして冷凍で2週間OK

保存 乾燥を防いで野菜室へ

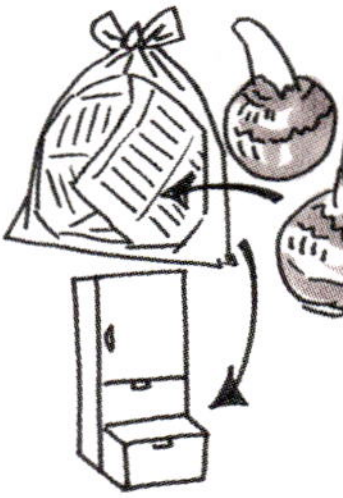

皮をむいてゆでて冷凍なら**2週間**。煮物などに利用。

新聞紙に包みポリ袋に入れて野菜室で**2〜3日**。ゆでて冷蔵してもOK。

ゆり根

冷凍 下ゆですれば冷凍できる

保存 おがくず入りがベスト

1枚ずつはがしてゆでる。冷まして冷凍して**1か月**。

洗わずに、おがくずのまま新聞紙で包み野菜室で**1か月**。

洗ったゆり根はポリ袋に入れて冷蔵で**2週間**。

ジャガイモ

リンゴと一緒に入れておくと発芽が抑えられる。

芽は取る！

芽にはソラニンという有害物質が含まれるので、かならず除いて使おう。

保存 冷蔵せずに常温で！

夏以外は冷蔵不要。光が当たらないよう新聞紙で包んで保存。約**1か月**OK。

冷凍 マッシュすれば冷凍も可

ラップに小分けしてバットで急速冷凍。密閉袋で**1か月**OK。

生や丸ごとの冷凍は不可。ゆでたじゃがいもは、皮をむいて熱いうちにつぶす。

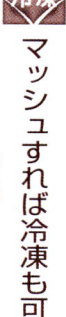

Part 3 野菜の章　イモ類

サツマイモ

野菜

ジャガイモ・サツマイモ

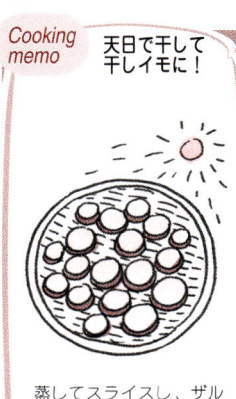

Cooking memo

天日で干して干しイモに！

蒸してスライスし、ザルに広げて天日干し。裏表を返しながら1週間で完成。ポリ袋で冷蔵保存で**1〜2週間**。

保存

低温をさけるのがコツ

新聞紙に包んで冷暗所におけば、約**1か月**保存できる。低温に弱いので冷蔵しないこと。

冷凍

輪切りで加熱か、マッシュして

加熱したさつまいもは皮をむいてマッシュし、小分けにして冷凍。サラダやコロッケに**1か月**OK。

輪切りで水にさらして耐熱容器に並べ電子レンジで加熱。冷まして冷凍で**1か月**。

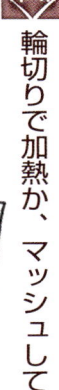

サトイモ

保存 湿気をさけて冷暗所へ

洗ったサトイモは新聞紙に包んで、野菜室で1～2週間。

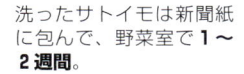

泥つきのものは、湿気をさけるため乾いた新聞紙で包み、冷暗所で2週間。

冷凍 ゆでて冷凍するのが正解

皮をむいて固めに塩ゆでし、冷まして冷凍すれば1か月OK。

Cooking memo 凍ったまま煮物に！

煮立てためんつゆに、凍ったままのサトイモを入れて煮るだけで煮物が完成。

Part 3 野菜の章 イモ類

ヤマイモ・ヤマトイモ

野菜

サトイモ・ヤマイモ・ヤマトイモ

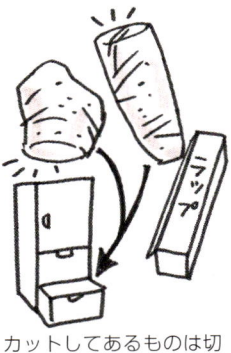

保存 使いかけは冷蔵して早めに！

カットしてあるものは切り口をラップで覆い、ポリ袋に入れて野菜室で**1週間**。

1本ものは新聞紙に包み、冷暗所に立てて**2週間**。

冷凍 すりおろしや細切りが便利

細切りでバットに並べて急速冷凍。ラップで小分けして保存用密閉袋で**1か月**OK。

すりおろして保存用密閉袋で冷凍。使うときは必要分だけ凍ったまま折り、自然解凍。**1か月**もつ。

枝豆

保存 すぐにゆでるのがおすすめ

パック入りはその日に食べるか、塩ゆでして密閉容器で冷蔵。ゆでれば1〜2日もつ。

枝つきは小枝を1センチくらいつけて切り、穴あきのポリ袋に入れる。野菜室で2〜3日。

冷凍 固めに塩ゆでして冷凍

1
塩をふってもむ。

2
固めにゆでる。

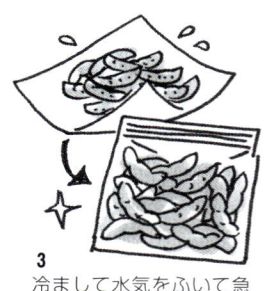

3
冷まして水気をふいて急速冷凍。1〜2か月OK。自然解凍か、さっとゆでて食べる。

140

Part 3　野菜の章　マメ類

野菜
枝豆・絹さや・さやいんげん

絹さや

冷凍　固ゆで冷凍なら少しずつ使える

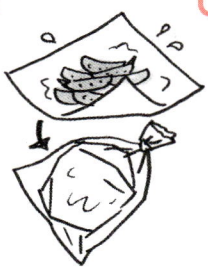

筋を取って固ゆでし、水気をふいて冷凍。凍ったまま炒め物やみそ汁に**1か月OK**。

保存　ポリ袋で乾燥を防止

湿らせたペーパーに包みポリ袋に入れ野菜室で冷蔵。**4～5日**で食べ切る。

さやいんげん

冷凍　バラ凍結がポイント

固めに塩ゆでして水気をふいて急速冷凍。密閉袋で**1か月OK**。

保存　ラップに包んで冷蔵

ラップに包んで野菜室で冷蔵。傷みやすいので**4～5日**以内に。

グリーンピース・スナップエンドウ

保存 低温をさけて野菜室へ

グリーンピースは豆を取り出し塩ゆで。密閉容器で冷蔵して **3〜4日**。

新聞紙で包みポリ袋に入れて野菜室へ。生での保存は **2〜3日**。

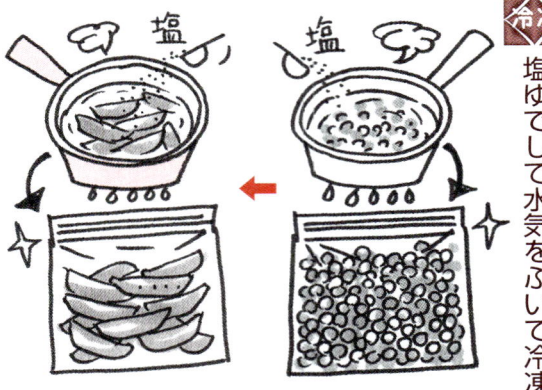

冷凍 塩ゆでして水気をふいて冷凍

スナップエンドウは塩ゆでし、水気をふいて冷凍。凍ったまま炒め物などに **1か月OK**。

グリーンピースは固めに塩ゆでして急速冷凍。霜がつかないよう空気を抜いて保存して **1か月**。

Part 3　野菜の章　マメ類

そら豆

野菜／グリーンピース・スナップエンドウ・そら豆

保存

生よりゆでて保存が正解！

さやから出したものは、塩ゆでして密閉容器で冷蔵で**2〜3日**。

むくと味が落ちるので、さやのままポリ袋で野菜室に入れ、**1〜2日**。

冷凍

新鮮なうちにゆでて冷凍

固めに塩ゆでし、水気をふいてバットで冷凍。保存用密閉袋で**1か月**。

Cooking memo

薄皮のまま揚げてもOK

薄皮に切れ目を入れ素揚げすると、薄皮ごと食べられて食物繊維もたっぷり。

長ねぎ

保存 かならず立てて保存しよう！

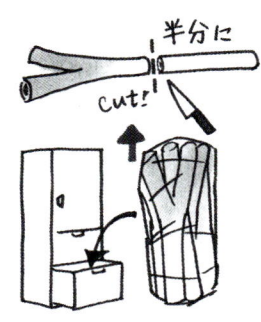

洗ったねぎは半分に切り、ラップに包んで野菜室に立てる。**1週間**以内に使いきる。

泥つきのものは冷暗所に立てて保存。新聞紙で包んでもOK。保存期間は約**2週間**。

Cooking memo 青い部分も捨てずに冷凍

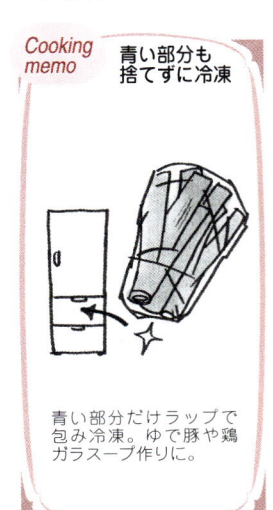

青い部分だけラップで包み冷凍。ゆで豚や鶏ガラスープ作りに。

冷凍 いろいろな切り方で冷凍

いろんな形でOK！

冷凍しても食感が変わらないので、焼き物や煮物に。ぶつ切りや細切りで冷凍し約**1か月**。バットで急速冷凍し、密閉袋で保存。

Part 3 野菜の章 香味野菜

万能ねぎ

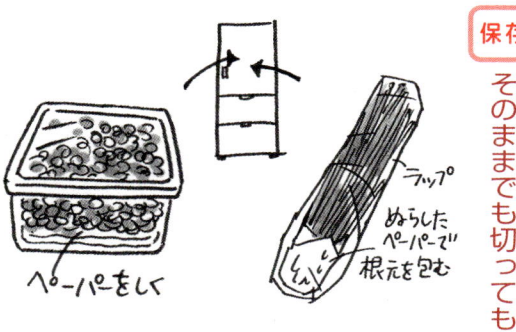

野菜

長ねぎ・万能ねぎ

保存 そのままでも切ってもOK

密閉容器の底にキッチンペーパーをしき、小口切りにして入れる。冷蔵で約**1週間**。

根元を湿らせたキッチンペーパーでくるみ、ラップで包んで冷蔵。**1週間**新鮮。

冷凍 すぐに使える冷凍が便利

1 小口切りにする。

2 よく水気をふきとる。

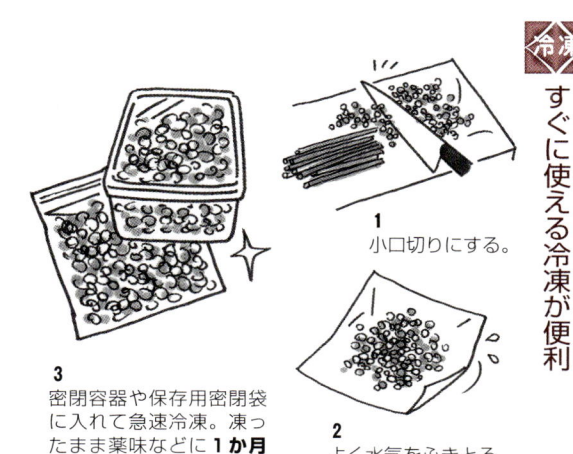

3 密閉容器や保存用密閉袋に入れて急速冷凍。凍ったまま薬味などに**1か月**OK。

しょうが

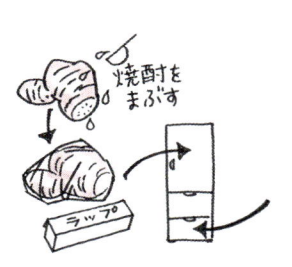

保存 乾燥させなければ長持ち

使いかけのしょうがは、焼酎をふりかけてラップし、冷蔵すれば**1か月**OK。

しょうが、葉しょうがは、湿らせた新聞紙に包み、野菜室で約**1週間**。

冷凍 丸ごとでもスライスしてもOK

丸ごと、スライス、みじん切りで冷凍OK。切ったら小分けにして冷凍で**2〜3か月**。丸のものは凍ったまますりおろせる。

Cooking memo 甘酢漬けで保存

スライスしたしょうがを甘酢に漬ける。冷蔵庫で**1か月**はOK。

Part 3　野菜の章　香味野菜

ニンニク

野菜

しょうが・ニンニク

Cooking memo　しょうゆ漬けにする

バラして皮をむく

しょうゆ

しょうゆ漬けや焼酎漬けなら、**2〜3か月**保存でき、料理にすぐ使える。

保存　湿気が苦手なので風通しよく

ネットに入れたり、カゴに入れ、風通しのよい冷暗所で**1〜2か月**。夏は野菜室へ。

冷凍　風味も変わらず冷凍向き

ゴツゴツ

みじん切り、薄切り、すりおろして、1回で使う量にラップで小分けして冷凍。**1か月**OK。

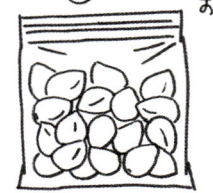

薄皮をむいておく

ひとかけずつに分け、薄皮をむいて冷凍。**1か月**OK。

147

シソ

保存

水分を保つのがポイント

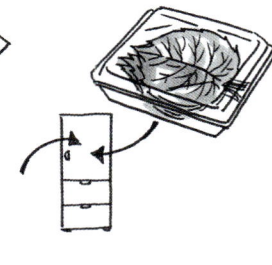

湿らせたキッチンペーパーに包み、ポリ袋に入れて冷蔵。**1週間**OK。

パック入りは冷蔵し、**2〜3日**で使い切る。

冷凍

1枚ずつ冷凍できる

ラップに1枚ずつ包んで冷凍で**1か月**。凍ったまま もんだり、解凍して切って使ってもOK。

Cooking memo

塩漬けでおにぎりに!

ひたひたくらい　塩

密閉容器に8％の塩水を入れ、シソを入れて冷蔵。おにぎりなどに約**1か月**使える。

Part 3 野菜の章 香味野菜

野菜

シソ・パセリ・ワサビ

パセリ

冷凍 刻んでフリージングが便利

葉を刻んで冷凍で**1〜2か月**。小分けにしておくと便利。

保存 水にさせば新鮮なまま！

水に入れてさしておけば、**4〜5日**OK。夏はポリ袋に入れて冷蔵。

ワサビ

冷凍 丸ごと冷凍が便利

すりおろすと風味が落ちるので、丸ごとラップで包んで冷凍で**1か月**。凍ったまますって使う。

保存 湿度で風味と辛味を保つ

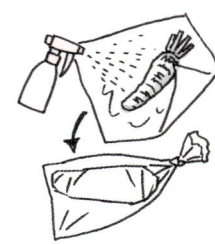

湿らせたペーパーで包み、ポリ袋で冷蔵。**1週間**で使い切る。

みょうが

保存 早めにおいしく食べきる

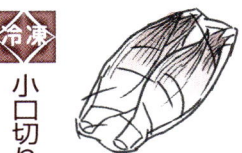

ラップに包んで冷蔵で **3〜4日**。

甘酢に漬ければ冷蔵で **1〜2週間**。

冷凍 小口切りで急速冷凍

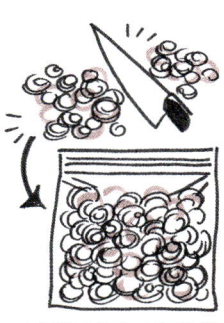

小口切りにし水気を切って冷凍。食感は変わるが風味は **1か月** 楽しめる。

三つ葉

保存 水分補給でパリッと保つ

湿らせたペーパーで根元を包み、ポリ袋に入れて冷蔵。**4〜5日**OK。

冷凍 長期保存は冷凍で

さっと熱湯にくぐらせ、適当な長さに切り、水気を切って小分けして冷凍。お吸い物などに **1か月**OK。

Part 3 野菜の章 香味野菜

ハーブ

野菜

みょうが・三つ葉・ハーブ

Cooking memo ハーブオイルとビネガー作り

ハーブは洗って水気をふき、オリーブ油やビネガーに漬けるだけ。冷暗所で**1か月**OK。

保存

生の香りをポリ袋でキープ

バジル、コリアンダー、ローズマリーなどのハーブは、湿らせたペーパーで根元を包み、ポリ袋で冷蔵。**2〜3日**OK。

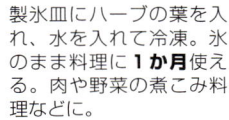

冷凍

そのまま冷凍もOK！

製氷皿にハーブの葉を入れ、水を入れて冷凍。氷のまま料理に**1か月**使える。肉や野菜の煮こみ料理などに。

刻んでラップで小分けにして冷凍。**2週間**くらいで使い切る。

えのきだけ

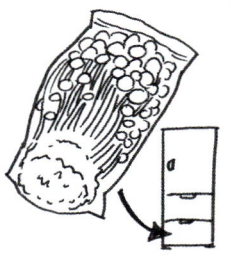

Cooking memo

簡単自家製なめたけ！

細かく切り、めんつゆで煮詰める。密閉容器に入れ、冷蔵で約**1週間**。

保存 パックのまま野菜室へ！

洗わずに買ってきたパックのまま野菜室で**3〜4日**。

冷凍 生でも加熱しても冷凍OK

油でさっと炒めて、冷ましてから小分けして冷凍してもよい。**1か月**OK。

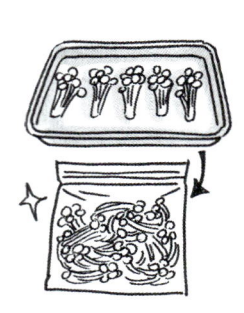

根元を切り、小分けにしてバットで急速冷凍。凍ったら保存用密閉袋に入れ空気を抜く。約**1か月**。

Part 3　野菜の章　きのこ

しいたけ

野菜

えのきだけ・しいたけ

Cooking memo ── 干ししいたけに

石づきを上にして並べ、カラカラになるまで1週間ほど天日干しして、干ししいたけに。冷暗所で保存して **1年**OK。

保存　石づきを上にして容器へ

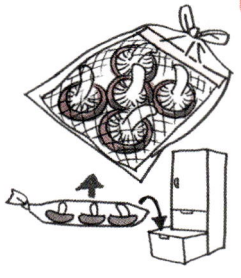

乾燥を防ぐため、ポリ袋に入れて野菜室へ。石づきを上にして **4〜5日**。

Cooking memo ── きのこ炒めにして冷凍保存

薄切りにして炒め、塩、こしょうして冷凍。炒め物やサラダなどに **1か月**。

冷凍　丸ごと冷凍で簡単！

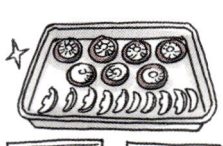

石づきを取り、丸ごと、またはスライスしてバットで急速冷凍。密閉袋で約 **1か月**OK。

しめじ

保存 低温は不向きなので野菜室へ

Cooking memo — 塩ゆでのビン詰め

軽く塩ゆでにして、ゆで汁ごとビン詰めにして冷蔵なら、約 **2週間**。

ぬらさないように、パックのまま野菜室で冷蔵。**3〜4日**で使い切る。

冷凍 固ゆでで冷凍しよう

Cooking memo — レンジ加熱で冷凍もおすすめ

小房に分けてラップして、電子レンジで加熱。冷蔵で **3〜4日**、冷凍で 2週間OK。

小房に分けてさっとゆで、水気をふきとりバットで冷凍し密閉袋で **1か月**。調理は凍ったままOK。

Part 3 野菜の章 きのこ

野菜
しめじ・まいたけ・エリンギ

まいたけ

冷凍 冷凍保存で料理に便利

生のまま切り分けて冷凍で **1か月**。味も変わらず、凍ったまま炒め物、煮物に。

保存 湿らせないよう注意！

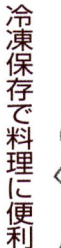

パックのまま野菜室で **3〜4日**。使い残しはペーパーで包んでポリ袋へ。

エリンギ

冷凍 薄切りするだけでOK

薄切りにしてラップに包んでバットで冷凍し、保存用密閉袋で保存。自然解凍で **1か月**OK。

保存 湿らせない工夫で長持ち！

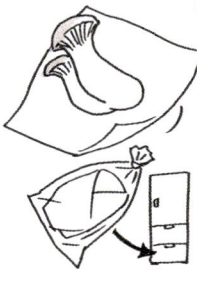

湿ると傷みやすいので、ペーパーで包んでポリ袋に入れ、野菜室で **3〜4日**。

なめこ

冷凍 そのまま冷凍OK

パック入りのなめこは袋ごと冷凍して **2週間**。自然解凍かパックごと湯せんして解凍。

保存 冷蔵は早めに食べきること

パックのまま冷蔵で **2日**。使いかけは密閉容器に移し、翌日までに食べ切る。

マッシュルーム

冷凍 炒めて冷凍がおすすめ

スライスし、油で炒め、ラップしてバットで冷凍し密閉袋に入れて **1か月**。パスタなどに便利。

保存 生やマリネで冷蔵

パックのまま野菜室だと **3〜4日**OK。オリーブ油とビネガーをかけてレンジ加熱でマリネに。冷蔵で **1週間**。

Part 4

果物の章

「いちご・みかん・リンゴ・バナナ…」
この保存の新常識がおいしさの秘訣!

果物をおいしく保存するポイント

ポイント1 果物は常温保存が基本

熟して食べごろになった果物は、あまり日持ちしません。何日も保存するより、早めに食べるのがおすすめです。

完全に熟していないときは、常温で保存して熟すのを待ちます。果物は冷蔵庫に入れないほうがいいものも多いので注意してください。とくにバナナやパイナップルなど、熱帯産の果物は冷蔵不要です。冷やして食べたいときは、食べる1〜2時間前くらいから野菜室に入れるとよいでしょう。

ポイント2 冷凍でデザート風味を楽しむ

果物は冷凍も可能ですが、多くは食感が変わってしまいます。水分が多いものは水っぽくなるので、解凍せずにそのまま、シャーベットのように味わいましょう。ジュースと一緒にミキサーにかければドリンクになります。

冷凍するときは食べやすい大きさに切り、バットに平たく並べて急速冷凍を。このとき砂糖をふってもOK。凍ったものを保存用密閉袋に入れ、霜がつかないうちに2週間〜1か月くらいで食べきります。

Part 4　果物の章　温帯の果物

いちご

果物 いちご

Cooking memo

煮詰めて手作りジャムに

ヘタを取り、いちごと同量の砂糖、レモン汁少々で煮詰める。冷蔵で**2週間**OK。

保存

洗わずにそのまま冷蔵がコツ

洗うと傷むので、そのまま重ならないように並べ、ラップして冷蔵。これで**2〜3日**OK。

刻んで砂糖をまぶして10分くらいおく。

保存用密閉袋で冷凍。**2〜3週間**OK。デザートやドリンクに。

冷凍

冷凍すれば2〜3週間OK！

砂糖をまぶして甘みUP！

ヘタを取り、洗って水気を切ってバットに。砂糖をまぶして急速冷凍。凍ったら保存用密閉袋へ。**2〜3週間**OK。

柿

保存 ヘタを上にして常温が基本

熟した柿はポリ袋に入れ、冷蔵保存。**1週間**保存OK。

風通しよい場所で常温保存。熟し具合によるが**4〜5日**が目安。

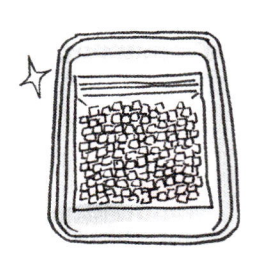

冷凍 自然解凍でデザートに

実が硬い柿は、皮をむき5ミリ角にして保存用密閉袋へ。バットに乗せて急速冷凍。約**1か月**もつ。解凍してデザートに。

熟した柿は皮をむき、ミキサーでピューレ状にして冷凍。**1か月**OK。解凍してフルーツソースに。

Part 4　果物の章　(温帯の果物)

キウィフルーツ

保存 低温なら長期保存できる！

硬いキウィは常温で熟すのを待つ。冷蔵庫に入れると約**2～3か月**保存OK。

りんごと一緒に保存すると、エチレンガスで早く熟す。

冷凍 カットして冷凍する

皮をむいて食べやすく切り、バットに乗せて急速冷凍。解凍してデザートに。**1か月**OK。

ブルーベリー

保存 冷蔵なら早めに食べきる

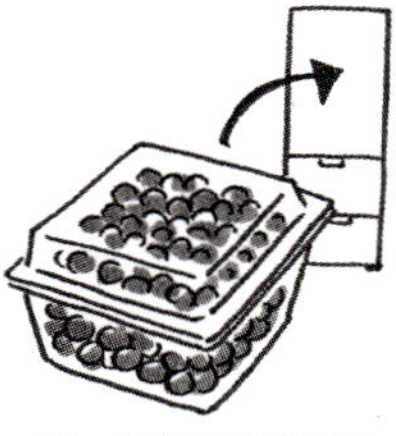

パックのまま冷蔵で、**2～3日**OK。

冷凍 生でもソースでもOK

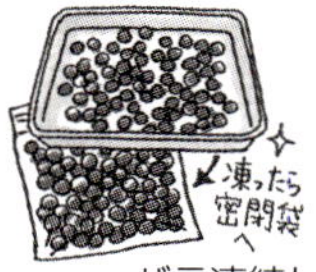

バラ凍結し、密閉袋で保存。**1か月**OK。自然解凍で。

砂糖を加えて煮詰め、ソースに。密閉袋で**2か月**OK。

サクランボ

冷凍 凍ったままデザートに！

バットに乗せて冷凍
1か月OK!

そのまま保存用密閉袋で冷凍。解凍すると色や味が落ちるので、凍ったままデザートに。

保存 早めに食べきるのが原則

食べる直前に冷やす

常温保存で **2日** 以内に食べる。食前に冷やす程度、冷蔵は長くても1日以内。

なし

冷凍 なしシャーベットがおいしい！

皮をむき芯を取ってざく切りに。レモン汁少々とミキサーにかける。

バットで冷凍。凍ったら細かく砕いて保存。**2週間**OK。

保存 乾燥させないのがポイント

新聞紙でくるむかポリ袋に入れて野菜室で保存。**1～2週間**OK。

Part 4 果物の章 温帯の果物

グレープフルーツ・オレンジ

保存 常温保存で1週間OK！

風通しがよい冷暗所に

グレープフルーツ、オレンジ、夏みかんなどのカンキツ類は、常温で約 **1週間** 保存が可能。

冷凍 1房ずつ冷凍がポイント

皮をむき1房ずつ分け、薄皮をむいてバットでラップして冷凍。砂糖をかけてもおいしい。

3週間OK！

凍ったら保存用密閉袋で **3週間**。そのまま解凍してデザートに。

みかん

保存 ときどき並べかえよう!

箱だと底から傷むので、ときどき並べかえる。**1か月**ほど保存するなら3〜6度が理想的。

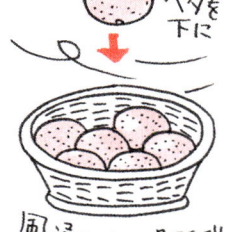

ポリ袋から出して傷みをチェック。ヘタを下にして常温保存で**2〜3週間**。

冷凍 冷凍みかんがおいしい!

みかんは丸ごと冷凍OK。まず、冷凍庫で3〜4時間ほど凍らせる。

一度出し、冷水にくぐらせ保存用密閉袋で冷凍保存。表面に氷の膜を作ると、おいしくできる。**1か月**OK。

Part 4 果物の章　温帯の果物

ブドウ

果物

みかん・ブドウ

保存 冷蔵保存で早めに食べきる

食べる直前に水洗いする。

洗うと傷みやすいので、パックのままか、ポリ袋に入れて冷蔵保存。**2〜3日**で食べきる。

冷凍 バラ凍結でシャーベット風

凍ったら保存用密閉袋で**2〜3週間**。凍ったままでも、半解凍でもおいしく食べられる。

房からはずして洗い、水気を切ってバットに並べ、ラップして急速冷凍。

メロン

保存 熟したら冷蔵庫へ！

完熟するまで常温で保存。

カットしたら種を取ってラップを。冷蔵で **3日** OK。

冷凍 カットして冷凍がおすすめ

ひと口大に切り冷凍。密閉袋で **1か月** もつ。半解凍で食べるか、ミキサーでジュースに。

すいか

保存 カットしたら冷蔵しよう！

常温

丸のすいかは常温で保存。カットしたら野菜室へ。**2日** で食べ切る。

カットは野菜室

冷凍 洋酒で香りづけしてもOK

洋酒

カットして冷凍。砂糖や洋酒をかけて冷凍すると美味。**1か月** おいしい。

Part 4 果物の章 （温帯の果物）

果物

メロン・すいか・モモ・ビワ

モモ

保存 食べる直前に冷やす

未熟のものは常温で保存。熟したモモは冷蔵し、その日に食べる。

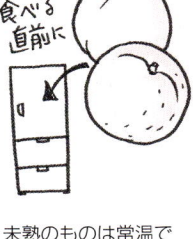

冷凍 シロップ煮にして冷凍を

生のままだと食感を損なうので、カットして砂糖煮に。保存用密閉袋で冷凍して**1か月**。

ビワ

保存 常温保存がおいしい

冷蔵すると変色し味が落ちる。常温保存し、**2日**で食べ切る。冷凍はできない。

冷凍 生は不向きなのでコンポートに

皮をむいて種を取り、砂糖、白ワイン、レモン汁で煮てコンポートに。保存用密閉袋で冷凍で、**1か月**OK。

アボカド

保存 真夏以外は常温保存で

カットしたら種つきの側を保存。ぴったりラップして野菜室で**翌日**まで。

緑色のものは常温で追熟させ、茶色く熟したら**2日**で食べきる。

冷凍 レモン汁で変色を防ぐ

Cooking memo　つぶして冷凍

実をフォークでつぶし、レモン汁、塩、コショウをして保存用密閉袋で冷凍。**1か月**OK。解凍してディップなどに。

皮と種を取り、スライスし、変色防止にレモン汁をかけて急速冷凍。密閉袋で**3週間**OK。

Part 4 果物の章 （温帯の果物）

レモン・ユズ

果物 / アボカド・レモン・ユズ

保存 乾燥を防ぐのがポイント

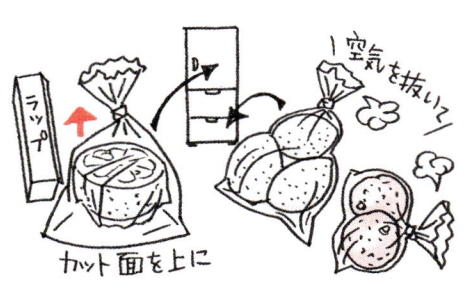

カットしたらラップで切り口を包み、切り口を上にしてポリ袋に入れ冷蔵。**2日**OK。

乾燥が大敵。ポリ袋に入れ、野菜室で**1週間**。

冷凍 皮と果汁を冷凍して活用

レモン汁は製氷皿で冷凍し、保存用密閉袋で保存。**1か月**もつ。

カンキツ類の皮はよく洗い、薄くそぎ、細切りで冷凍して**1か月**。料理やお菓子に利用しよう。

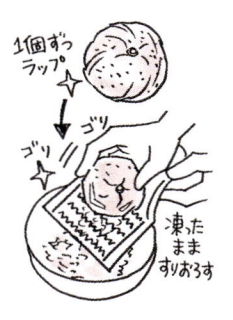

ゆずは1個ずつラップして冷凍で**1か月**。凍ったまま皮をすりおろして使い、残りは冷凍。

リンゴ

保存 長期保存は涼しい場所で

箱の場合、底に新聞紙を敷いて並べ、一段ごとに新聞紙をはさむ。冬は冷暗所で約 **1か月**。

常温だと約 **1週間**。ポリ袋に入れて野菜室で保存すれば **2～3週間**OK。

冷凍 すりおろして冷凍が正解

生のままだと食感が失われるので、すりおろすとよい。

レモン汁を加え、製氷皿で冷凍。密閉袋で **1か月**。半解凍が美味。

Cooking memo 簡単手作りジャム

角切りにして砂糖とレモン汁をかけ、水分が出たら煮詰めてジャムに。冷蔵で約 **2週間**もつ。

Part 4　果物の章　温帯の果物

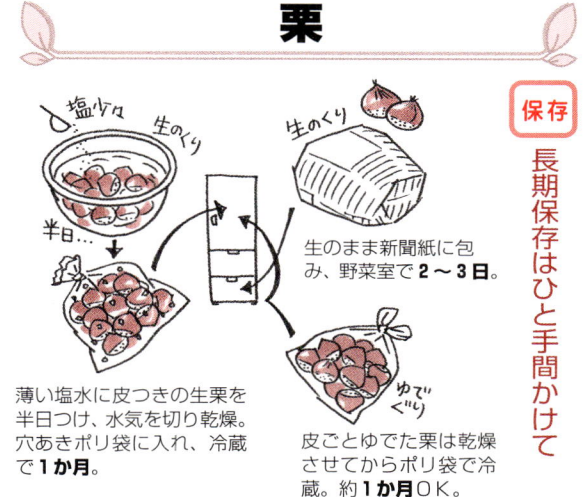

栗

保存 長期保存はひと手間かけて

薄い塩水に皮つきの生栗を半日つけ、水気を切り乾燥。穴あきポリ袋に入れ、冷蔵で**1か月**。

生のまま新聞紙に包み、野菜室で**2〜3日**。

皮ごとゆでた栗は乾燥させてからポリ袋で冷蔵。約**1か月**OK。

冷凍 ゆでて冷凍が使いやすい

保存用密閉袋に入れて冷凍なら、約**2か月**OK。甘露煮やマッシュしても冷凍可能。**2か月**OK。

生でも冷凍できるが虫がいることが多いので、加熱保存がベター。ゆでて皮をむく。

バナナ

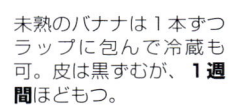

保存 常温でつるして保存がベスト

皮が触れている部分から傷むので、つるして常温保存を。専用スタンドも便利。**4〜5日**OK。

広口ビンの口にかけてつるしてもOK。

未熟のバナナは1本ずつラップに包んで冷蔵も可。皮は黒ずむが、**1週間**ほどもつ。

冷凍 カットして冷凍なら1か月OK

果肉をフォークでつぶし、レモン汁をかけて保存用密閉袋で冷凍。半解凍でデザートに。**1か月**OK。

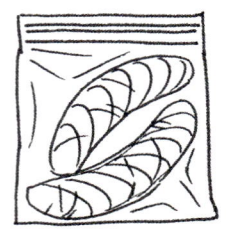

皮をむいて筋を取り、厚さ1センチの斜め切りにする。ラップして冷凍、密閉袋で保存。**1か月**OK。

Part 4　果物の章　熱帯の果物

果物
バナナ・マンゴー・パパイヤ

マンゴー

冷凍 カットして冷凍がグッド！

皮をむいて種を取り、カットして冷凍で **1か月**。

そのまま食べてもよいが、牛乳やジュースとミキサーにかければスムージーに。

保存 常温保存で追熟させる

食べ頃まで常温保存。熟したら **2日** 以内に食べる。食べる直前に冷蔵してもOK。

パパイヤ

冷凍 完熟したものを冷凍しよう

カットして密閉袋に入れ、バットで急速冷凍で **1か月** OK。そのままでデザートに。

保存 黄色く色づいたら食べ頃

皮が黄色く柔らかくなるまで常温保存。熟したら **2日** 以内に食べる。

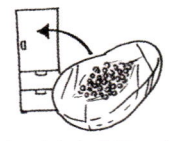

カットしたらラップして冷蔵し、**翌日** までに食べる。

パイナップル

保存 丸ごと常温で4〜5日OK

カットしたら上下を落とし、縦半分に。ラップして冷蔵で約 **3日**。

丸ごとは常温保存。葉をつけたまま横にするか、葉を下にすると全体に甘みがまわる。**4〜5日**OK。

冷凍 カットしてもつぶしてもOK

実を刻むかフードプロセッサーにかけ、保存用密閉袋で冷凍。シャーベットやジュースに。**1か月**OK。

ひと口大にカットしてバットで急速冷凍。密閉袋で **1か月**。砂糖をまぶしてもおいしい。そのままデザートに。

Part 5

主食・卵・乳製品の章

「ごはん・パン・めん・牛乳・ヨーグルト…」
秘密の冷蔵＆冷凍テクで、おいしさグンとアップ！

ごはん

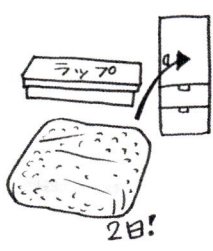

保存 ジャーでの保存は短時間に

ジャーで長時間保温するより、ラップして冷蔵がおすすめ。**2日**以内に食べよう。

炊いたごはんをジャーで保温するなら、**5～6時間**以内が目安。それ以上は乾燥や変色の原因になり、電気代もムダに。

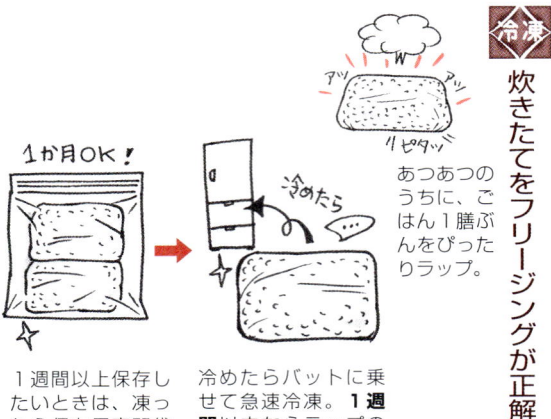

冷凍 炊きたてをフリージングが正解

あつあつのうちに、ごはん1膳ぶんをぴったりラップ。

1週間以上保存したいときは、凍ったら保存用密閉袋へ。これで**1か月**はOK。

冷めたらバットに乗せて急速冷凍。**1週間**以内ならラップのままでOK。

Part 5 主食・卵・乳製品の章 　主食

主食・卵・乳製品

ごはん

＜ごはんを解凍するポイント＞

2 水か酒を手でパッとふる。

1 ラップの上からフォークか竹串でぶつぶつ穴を開ける。

3 電子レンジで加熱。これで炊きたての味に。

Cooking memo 　冷凍ごはんの活用法

☆おこげ風にアレンジ

凍ったごはんに小麦粉と水を合わせた衣をつけて揚げる。容器に入れて、野菜のあんをかければOK。

☆雑炊にアレンジ

鍋に凍ったごはんを入れ、水、だし、調味料、具を入れて加熱すればOK。

米

保存 密閉容器に移して冷暗所へ

買ってきた米袋をキッチンの片隅におき、使いながら口をクリップなどでとめる方法はダメ。湿気で酸化しやすい。

精米した米は酸化しやすいので、夏は **2 週間**、冬は **2 か月**、それ以外は **1 か月**を目安に使いきる。

米容器を野菜室で冷蔵するのがおすすめ。これなら **1〜2 か月**大丈夫。

容器によく乾燥させたニンニク（皮をむいておく）や赤唐辛子を入れておくと虫が出にくい。

市販の米袋には小さい穴が開いているので、米びつや密閉容器に移し、風通しがよい冷暗所で保存。

Part 5　主食・卵・乳製品の章　主食

もち

Cooking memo　干して揚げもちに

油で揚げて、塩をまぶせば自家製揚げもちに変身。

もちを1センチ角に切り、ザルで1週間ほど完全に乾燥させる。ポリ袋に入れ、常温で**1か月**OK。

保存

密閉して冷蔵する

開封したもちは、1個ずつラップして保存用密閉袋に入れて冷蔵。**1〜2週間**OK。

＜もちの解凍＞

室温で…／電子レンジで…／凍ったまま…

焼くときは室温で半解凍してから。電子レンジにかけてもOK。鍋やしるこには凍ったまま入れる。

冷凍

ラップして冷凍で1か月

重ならないように入れて　急速冷凍！

1個ずつラップで包み、保存用密閉袋に入れ、バットに乗せて急速冷凍。**1か月**OK。

パン

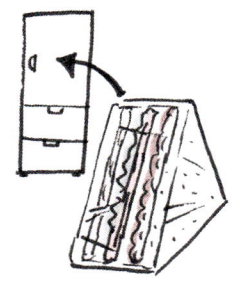

保存 冷蔵は味が落ちるので常温で

卵やハムサンドなどが具のサンドイッチを翌日食べたいときは、ラップして冷蔵する。

パンは冷蔵するとパサつくので常温におき、その日のうちに食べるのがポイント。翌日以降になるなら冷凍がベター。

冷凍 ラップして保存用密閉袋へ

おいしさの秘訣は空気抜き。保存用密閉袋にストローを刺し、空気を抜いてチャックして冷凍。**1か月**OK。

パンは冷凍向きの素材。乾燥させないように、1個ずつラップし、保存用密閉袋に入れるのが原則。自然解凍で食べよう。**1か月**OK。

Part 5 主食・卵・乳製品の章 　主食

主食・卵・乳製品

パン

フランスパンは底の部分をつなげておくと空気に触れる部分が少なくて酸化防止になる。保存用密閉袋で冷凍。凍ったまま霧吹きをしてオーブントースターで焼くとよい。

食パンはそのまま保存用密閉袋へ。凍ったままトーストできる。

Cooking memo　パン粉やラスクを手作り

フランスパンはバターと砂糖、ガーリックなどをつけて焼き、ラスクやガーリックトーストにして冷凍してもよい。1か月OK。

凍った食パンをそのまますりおろすと生パン粉のできあがり。

食パンの耳をオーブントースターでかりかりに焼いて冷凍で1か月。クルトンに利用。

ゆでめん・生めん

保存 ラップして冷蔵で4〜5日

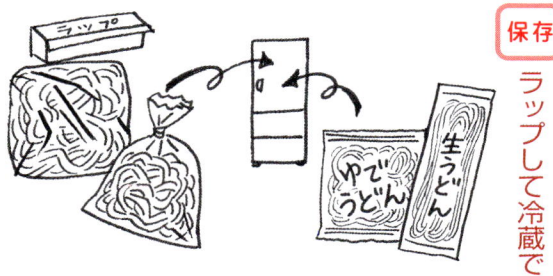

ゆでめんや開封した生めんが残ったら、ぴったりラップするかポリ袋に入れて冷蔵。**4〜5日**はOK。

市販のゆでめん、生めんは、そのまま冷蔵室へ。賞味期限を参考に保存しよう。

冷凍 ラップ＋保存用密閉袋で1か月

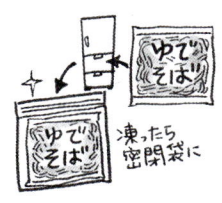

凍ったら密閉袋に

ゆでめんや蒸しめん（うどん、そば、焼きそばめんなど）は市販の袋ごと冷凍で**1か月**。

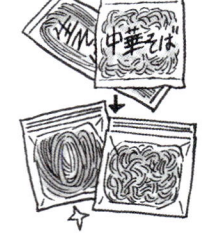

生めん（うどん、そば、中華めん）は1食分ずつラップして冷凍で**1か月**。凍ったままゆでる。

凍ったままゆでる

凍ったままゆでて使う。冷やして食べるときはゆでてから冷水で洗おう。

Part 5 主食・卵・乳製品の章 　主食

乾めん

保存 湿気をさけて冷暗所へ

開封したら、密閉容器や保存用密閉袋に入れて冷暗所へ。**1年**ほどOK。

未開封の乾めん（うどん、そば、そうめん、パスタなど）は、冷暗所に保存。賞味期限を参考に。

冷凍 ゆでたらフリージング

一食ぶんずつラップして冷凍。パスタは油をまぶしておくとよい。保存用密閉袋で**1か月**OK。

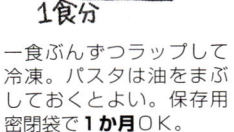

ゆでた乾めんを冷凍するときは、固めにゆでるのがおいしさのコツ。しっかり水切りする。

主食・卵・乳製品
ゆでめん・生めん・乾めん

おにぎり・焼きおにぎり

冷凍 小さめに握るのがポイント

小さめに

解凍しやすいように小さく握る。1つずつラップして冷凍。密閉袋で **1か月**。自然解凍か電子レンジで解凍。

保存 ラップして冷蔵で2日

おにぎりや焼きおにぎりは1つずつラップ。冷蔵保存で **2日**。

いなりずし・五目ずし

冷凍 小分けしてラップしておく

いなりずしは1個ずつ、五目ずしは1食ぶんずつラップして冷凍。密閉袋に入れて **1か月**。

保存 翌日までに食べきる

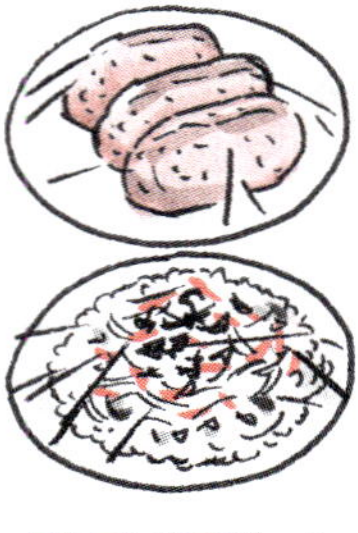

皿にのせてぴったりラップして冷蔵で **2日**。

Part 5 主食・卵・乳製品の章 主食

主食・卵・乳製品

おにぎり・焼きおにぎり・いなりずし・五目ずし・チャーハン・炊きこみごはん・お好み焼き

チャーハン・炊きこみごはん

冷凍 — 1食ぶんずつ小分けで1か月

ラップで小分けにして冷凍。密閉袋で **1か月**。チャーハンは解凍してからフライパンで軽く炒めるとおいしい。

保存 — 乾燥させないように冷蔵

密閉容器に入れて冷蔵すれば **1～2日** OK。加熱は電子レンジが便利。

お好み焼き

冷凍 — そのままフリージングがおすすめ

お好み焼きは丸ごと冷凍OK。冷めたらラップして冷凍。密閉袋で **1か月**もつ。

保存 — 余ったらラップして冷蔵

残ったお好み焼きはラップして冷蔵で **2日**。電子レンジで加熱して食べるとよい。

185

卵

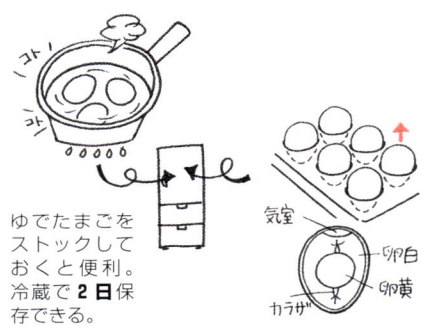

保存 とがったほうを下にして冷蔵

ゆでたまごをストックしておくと便利。冷蔵で **2日** 保存できる。

とがってないほうに気室があり、そっちを上にすると卵が呼吸しやすく長持ち。**2～3週間** OK。生で食べるなら **1週間**。

冷凍 卵白は生でOK。全卵は溶く

目玉焼きにするなら、アルミカップに入れ、ラップして冷凍。ラップを取り、凍ったままフライパンに水を入れて焼く。**2週間**OK。

そのまま冷凍すると黄身が固まるのでダメ。全卵は溶きほぐし、卵白はそのままラップで包んで冷凍。密閉袋で **2週間**。自然解凍で利用。

Part 5 主食・卵・乳製品の章 　卵

主食・卵・乳製品

卵

Cooking memo　薄焼き卵や炒り卵でフリージング！

薄焼き卵は1枚ずつラップをはさんでバットで急速冷凍。密閉袋で**1か月**OK。

厚焼き玉子を2センチ厚さに切ってバットで急速冷凍。凍ったら保存用密閉袋で約**1か月**。凍ったままお弁当に。電子レンジ解凍もOK。

ゆで卵はそのまま冷凍すると食感が変わるので、刻んでマヨネーズであえて密閉袋で冷凍。自然解凍でサンドイッチやサラダに**1か月**使える。

炒り卵は小分けしてラップで包んで冷凍。チャーハンや炒め物に**1か月**利用できる。

薄焼き卵を5ミリくらいに切った錦糸卵は、小分けして冷凍が便利。**1か月**OK。

牛乳

保存 冷蔵保存で早めに飲みきる

牛乳は他の食品の匂いがつきやすいので、開け口をしっかりしめる。口をつけて飲むのは衛生上ダメ。

買ってきたらすぐ冷蔵。開封したら賞味期限内であっても**2〜3日**で飲みきるのがよい。

冷凍 ホワイトソースに加工する

1
牛乳は生で冷凍すると分離するので不向き。ホワイトソースにして冷凍を。バター50グラムと小麦粉50グラムを弱火で炒める。

2
粉っぽくなくなってきたら冷たい牛乳500ミリリットルを加え、しゃもじでかき混ぜながら煮る。

3
塩、コショウで味をととのえてできあがり。冷まして保存用密閉袋で冷凍。凍ったままシチューなどに**2〜3週間**OK。

Part 5 主食・卵・乳製品の章 乳製品

主食・卵・乳製品

牛乳・生クリーム・バター・マーガリン

生クリーム

冷凍 泡立ててフリージング

そのまま冷凍すると分離するので不可。ツノが立つくらいしっかり泡立てる。お菓子に使うときは砂糖を加えて。

↓

ラップで小分けに包んで冷凍。料理やお菓子、コーヒーなどに**1か月**OK。

保存 ドアポケットに入れないで冷蔵

振動させるとかたまりができるので、庫内で保存。開封したら**2日**以内に使おう。

バター・マーガリン

冷凍 バターは小分け冷凍が便利

マーガリンは分離するので冷凍は不向き。バターは銀紙のまま保存用密閉袋で冷凍で**3か月**。

切り分けてラップして冷凍すると使いやすくて便利。

保存 ラップで酸化を防ごう

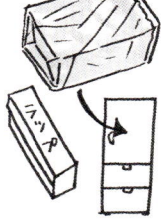

開封前は冷蔵で約**6か月**。開封後は**2週間**が目安。バターは銀紙ごとラップして酸化を防ぐ。

チーズ

保存 乾燥を防いで低温冷蔵がベスト

開封前は賞味期限を参考に。開封したら1～2週間。切り口にラップし、低温室へ。

冷凍 ピザ用や粉チーズなら冷凍OK

粉チーズはラップで小分けにして冷凍。保存用密閉袋で1か月OK。凍ったままパスタに。

かたまりのチーズは冷凍するとボソボソするので不向き。ピザ用チーズはラップで小分けして冷凍で1か月。

ヨーグルト

保存 低温室で冷蔵するのがベスト

開封前は賞味期限を参考に。開封後は低温冷蔵で2～3日。上にたまる透明の液は乳清が分離したもので、混ぜて食べてよい。

冷凍 フローズンヨーグルトが美味！

そのまま冷凍すると分離するが、アイスデザートには最適。砂糖のほか、好みでジャム、あわ立て生クリームなどを加えて密閉容器で冷凍。半解凍で食べる。1か月OK。

Part 6

加工食品・乾物・おかずの章

「豆腐・昆布・ひじき・ハンバーグ・カレー…」
この保存法ならスピード調理もカンタン!

豆腐

冷凍

高野豆腐風の食感を楽しむ

豆腐は冷凍に不向きな食材だが、凍み豆腐風の楽しみ方がおすすめ。水を抜いてパックのまま冷凍。煮物などに **1 か月** OK。

保存

塩を入れて保存の裏ワザ

パックの豆腐はそのまま、豆腐屋のものは容器にひたひたの水と塩をひとつまみ入れ冷蔵。毎日水をかえて **2 〜 3 日**。

Cooking memo 白あえ衣にして冷凍

水切りした豆腐に砂糖、白みそ、すりごま、塩を適量加えてすりばちですって混ぜて冷凍。自然解凍で白あえに。**1 か月** OK。

水切りしてラップで包み、バットで急速冷凍。揚げ出し豆腐や豆腐ステーキに活躍。密閉袋で **1 か月** OK。

Part 6 加工食品・乾物・おかずの章 加工食品

油あげ

冷凍 風味が変わらず冷凍向き食材

保存 冷蔵保存で3〜4日OK

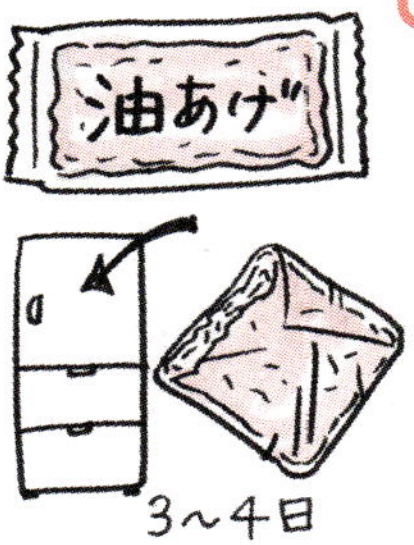

開封していないなら、そのまま保存用密閉袋で冷凍で**2週間**。ゆでて油抜きして使おう。

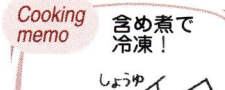

未開封ならそのまま、開封したらラップに包んで冷蔵。**3〜4日**もつ。

Cooking memo　含め煮で冷凍！

油抜きした油揚げをだし、しょうゆ、砂糖で甘辛く煮含めて絞らずに冷凍。いなりずしやきつねうどんに便利。**1か月**OK。

さっと熱湯にくぐらせて油抜きし、水気を切る。

細切りにしラップで小分けして冷凍。油の酸化がおさえられ、密閉袋で**1か月**OK。凍ったまま料理に使える。

厚あげ・がんもどき

保存

そのまま冷蔵で3〜4日

3〜4日

がんもどきは買ってきた袋のままか、ポリ袋に入れて口を閉じ、冷蔵で**3〜4日**OK。

開封していない厚あげはそのまま、開封したり豆腐屋のものはラップして冷蔵で**3〜4日**。

冷凍

ラップして急速冷凍ならOK

Cooking memo 煮つけて冷凍

味をつけ
汁ごとあたためる
汁ごと冷凍

厚揚げ、がんもは、調味料で煮含め、汁ごと保存用密閉袋で冷凍。そのまま鍋で弱火で湯せんして解凍。

冷蔵室で解凍

厚あげは1枚ずつ、がんもは1個ずつラップし、バットで急速冷凍。密閉袋で**1か月**。冷蔵室解凍がおすすめ。

Part 6　加工食品・乾物・おかずの章 （加工食品）

加工食品・乾物・おかず

厚あげ・がんもどき・おから・大豆・あんこ

おから

冷凍 から炒りして冷凍がおすすめ

生のままでも冷凍OK。ラップで小分けして**1か月**。から炒りしておくと風味が長持ち。

保存 傷みやすいので低温室へ

おからはポリ袋に入れて、低温室で冷蔵し、**2〜3日**で使いきる。

大豆・あんこ

冷凍 小分けしてフリージング

ゆでた豆はラップで小分けして冷凍。**1か月**OK。

少量ならアイスや白玉などにも便利！

あんこは小分けして冷凍で**1〜2か月**。おしるこなどに利用。

保存 ゆでた豆はゆで汁を切って冷蔵

ゆでた豆や缶詰の豆が残ったら、ゆで汁を切ってポリ袋で低温室で**3日**。

あんこはポリ袋で低温冷蔵。**1週間**OK。

納豆

保存 冷蔵保存で1週間OK

パックのまま冷蔵庫で約**1週間**。白い斑点が出たら劣化のサインだが、食べられる。

冷凍 冷凍で風味を閉じ込める

← 2〜3か月OK!

容器ごと保存用密閉袋に入れて冷凍。**2〜3か月**OK。冷蔵庫内解凍か自然解凍で。

凍ったまま刻めばひきわり納豆も簡単!

酒かす

保存 乾燥させないのがポイント

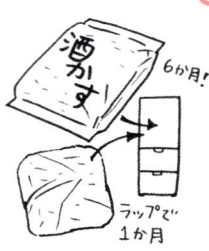

6か月!
ラップで1か月

未開封ならそのまま冷蔵で**6か月**OK。開封したらラップして冷蔵保存で**1か月**。

冷凍 小分けしておくと使いやすい

酒かすは使いやすい分量にカットし、ラップで包んで冷凍。密閉袋で**1年**保存可。甘酒や粕汁、粕漬けに。

Part 6 加工食品・乾物・おかずの章 (加工食品)

コンニャク・しらたき

保存 市販のパックの水を捨てない

開封して残ったら下ゆでしておくと便利。ポリ袋で冷蔵で **4～5日** もつ。

未開封なら冷蔵で **1～2か月**。パック内の水は石灰水で保存向き。開封後はパックの石灰水に水をたし、ひたひたにして冷蔵。**2～3日**OK。

冷凍 凍らせると食感が変わる！

そのまま冷凍すると凍みこんにゃく風の歯ごたえになる。保存用密閉袋で **1か月**。

自然解凍して薄切りにし、甘辛く煮たり、天ぷらなどにしても美味。

漬け物

低塩の梅干しは冷蔵保存がおすすめ。冷蔵で **3か月**くらい。

キムチは匂いが強いので、保存用密閉袋で冷蔵保存。**1～2か月**OK。

浅漬け野菜は低温室で2～3日熟成させるとおいしくなる。**1週間**で食べきる。

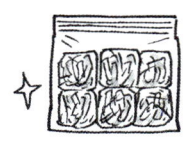

保存 低塩のものは保存期間が短い

漬け物の冷凍は、ラップで小分けして **1～2か月**OK。

梅干しはペーストで冷凍すると便利。種を取り皮ごとたたき、ラップで小分けして密閉袋で冷凍。**1年**OK。

冷凍 水分を軽く切って小分けにする

Cooking memo 酸味が出たら炒め物や鍋に

白菜漬けやキムチなどが酸っぱくなったら、刻んで炒め物や鍋に入れるとおいしい。

Part 6 加工食品・乾物・おかずの章　加工食品

缶詰・ビン詰

- 原料の種類や調味方法
- 賞味期限　これは2010年8月1日
- 製造者番号

（MOYL 100801 BFD）

保存　賞味期限の読み方をマスター

常温で長期保存できる缶詰。未開封なら肉や魚介類で**1〜2年**、果物で**3〜4年**が目安。缶詰の表示の読み方を覚えておこう。

冷凍　開封後は冷凍がおすすめ

1か月OK!

缶詰やビン詰は、開封後は傷みやすいので冷凍を。小分けして保存用密閉袋で**1か月**。

缶詰は開封したら密閉容器に移して冷蔵。**2〜3日**で食べきる。ジャムなどのビン詰は開封したら冷蔵して**2週間**ほど。

乾物全般

保存 湿気と高温をさけ冷暗所で1年

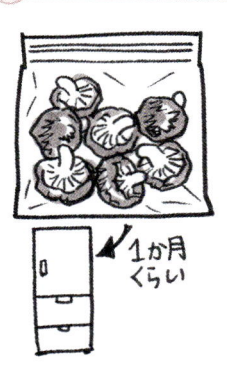

↙1か月くらい

開封後は保存用密閉袋に入れて冷蔵。**1か月**程度で使いきる。

乾燥剤を入れる

未開封のものは記載の賞味期限を参考に冷暗所で保存。目安は **1年**。未開封でも乾燥剤を入れて缶やビンに入れておくのがおすすめ。

冷凍 そのまま保存用密閉袋へ

1年OK！

未開封、開封後ともに、保存用密閉袋に入れて冷凍。こうすると劣化せず風味を保てる。**1年**を目安に使いきる。

Part 6 　加工食品・乾物・おかずの章　乾物

のり

冷凍　袋ごと保存用密閉袋に入れる

未開封、開封ともに保存用密閉袋に入れて冷凍で **1年**。切り分けて冷凍すると使いやすい。

保存　缶やビンに入れておこう

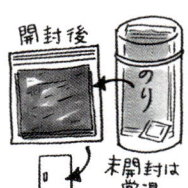

のりは缶などに乾燥剤と入れて常温で **1年**。開封したら密閉袋に入れて冷蔵がおすすめ。しけたのりは佃煮に活用しよう。

ひじき

冷凍　戻してフリージングが便利

そのままでも冷凍できるが、戻して小分けにして冷凍すれば、料理にすぐ使える。**1〜2か月**で使おう。

保存　湿気を防いで冷暗所へ

黒くてツヤがあり、くだけていないものを選ぶ。湿気を防いで冷暗所で **1〜2年**。使うときは水がキレイになるまで洗う。

切り干し大根

冷凍 — 戻して食べやすく切って冷凍

そのまま冷凍OK。戻して適当な長さに切って冷凍しても便利。**1～2か月**で使う。

保存 — 黄色く変色しやすいので冷蔵を

黄色くなり、味が劣化しやすい。常温より冷蔵保存を。冷蔵で**半年**ほどOK。

高野豆腐

冷凍 — 戻したり、含め煮で冷凍する

戻した高野豆腐は水気を絞り、保存用密閉袋で冷凍。含め煮で冷凍する場合は汁ごと密閉袋へ。**1か月**OK。

保存 — 常温か冷蔵で保存する

高野豆腐はきめが細かいものを選ぶ。保存は常温か冷蔵で**1年**。戻すときはお湯を使おう。

Part 6　加工食品・乾物・おかずの章　乾物

加工食品・乾物・おかず

切り干し大根・高野豆腐・干ししいたけ・春雨・ビーフン

干ししいたけ

冷凍 戻し汁と分けて冷凍

保存 選ぶときは色を見極めて

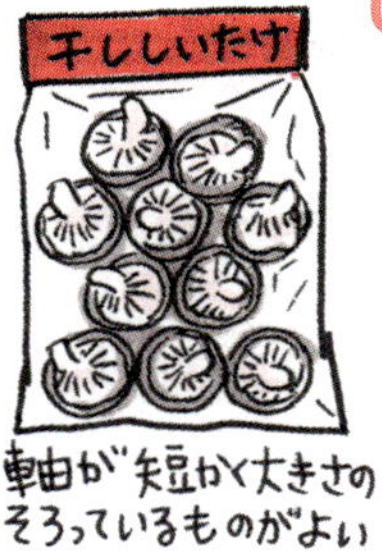

軸が短く大きさのそろっているものがよい

そのまま冷凍できるが、戻しておくと便利。スライスして水気を絞って冷凍。戻し汁は分けて密閉袋で冷凍で**1か月**。

黒ずんだものは避け、裏が淡黄色のものを選ぶ。常温または冷蔵で約**1年**。

春雨・ビーフン

冷凍 戻してフリージングが便利

保存 常温保存で1年OK

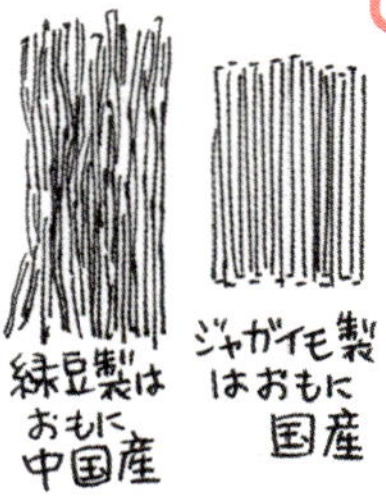

緑豆製はおもに中国産
ジャガイモ製はおもに国産

煮てもこしがある緑豆春雨は、下ゆでして冷凍すると便利。ラップで小分けしておこう。**1か月**OK。

春雨には緑豆製とジャガイモのでんぷん製がある。両方とも常温で**1年**OK。

203

＜その他の乾物の保存法＞

素材	保存	冷凍
けずりぶし	未開封なら常温で1年。開封したら密封して冷蔵で約1年。	開封したら保存用密閉袋に入れて冷凍がおすすめ。約1年OK。
昆布	未開封なら常温で1年。開封したら密封して冷蔵で約1年。	開封したら使いやすい大きさに切り、保存用密閉袋で冷凍を。約1年OK。
かんぴょう	未開封なら常温で1年。開封したら密封して冷蔵で約1年。	開封したら保存用密閉袋に入れて冷凍がおすすめ。戻したかんぴょうは使いやすく切り、小分けして保存用密閉袋で冷凍。約1年OK。
煮干し	未開封なら常温で1年。開封したら密封して冷蔵で約1年。	開封したら保存用密閉袋に入れて冷凍がおすすめ。約1年OK。
キクラゲ	未開封なら常温で1年。開封したら密封して冷蔵で約1年。戻したら固いところを取って使おう。もどし汁はだしにならない。	開封したら保存用密閉袋に入れて冷凍がおすすめ。約1年OK。
ワカメ	未開封なら常温で1年。開封したら密封して冷蔵。塩蔵ワカメは冷蔵保存で2〜3か月。	戻したワカメや生ワカメは冷凍OK。使いやすく切り、保存用密閉袋で冷凍。約1年OK。
干しエビ	変色しやすいので、常温より冷蔵保存がよい。冷蔵で2〜3か月。黄色くなったら1週間で使いきる。もどし汁はだしに使える。	未開封、開封ともに保存用密閉袋に入れて冷凍がおすすめ。約1年OK。
麩	未開封なら常温で1年。開封したら密封して冷蔵。生麩は保存がきかないので、冷蔵なら2日以内。	戻した麩や生麩は冷凍OK。生麩は薄切りで冷凍がおすすめ。1か月OK。

Part 6　加工食品・乾物・おかずの章 (乾物・おかず)

加工食品・乾物・おかず

その他の乾物・冷凍食品・レトルト食品

冷凍食品

【冷凍】

冷凍庫で2〜3か月が目安

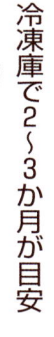

お店から家までは新聞紙で包むと温度変化が少ない。

マイナス18℃なら1年保存できるが、家の冷蔵庫は開閉が多いので**2〜3か月**を目安に使いきる。

使いかけは保存用密閉袋で保存し**1か月**以内に使う。

レトルト食品

【冷凍】

残ってしまったら冷凍もあり

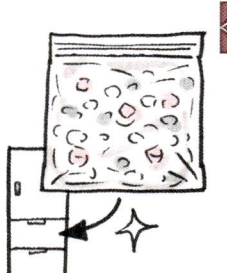

【保存】

常温で賞味期限内に食べる

未開封のものは常温で保存し、記載の賞味期限内に使う。

使いきれなかったものは、保存用密閉袋で冷凍。じゃがいもが入っている場合は取り除くかつぶしておく。**1か月**以内に使う。

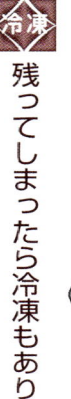

開封したら密閉容器に移して冷蔵で**2〜3日**。

ハンバーグ

保存 焼いたり揚げて冷蔵する

当日食べられないときは、焼いたり、揚げて密閉容器で冷蔵して **2〜3日**。味つけは食べるときに。

ハンバーグのタネはラップして低温室で冷蔵し、その日のうちに調理。

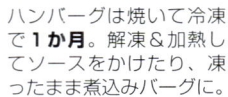

冷凍 ミートボールやメンチにアレンジ

小判型のタネに小麦粉、卵、パン粉をつけ、ラップで包んで冷凍で **2週間**。凍ったまま揚げ、メンチカツに。

ラップで包む

ハンバーグは焼いて冷凍で **1か月**。解凍＆加熱してソースをかけたり、凍ったまま煮込みバーグに。

ミートボールに形づくり、焼いたり揚げて冷凍。**1か月**OK。

Part 6　加工食品・乾物・おかずの章　おかず

トンカツ・コロッケ

加工食品・乾物・おかず

ハンバーグ・トンカツ・コロッケ

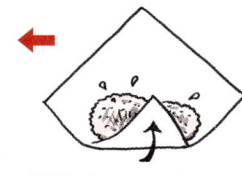

保存 ペーパーで包んで冷蔵

揚げたトンカツやコロッケは、キッチンペーパーで包む。紙が余分な油を吸収してくれる。

さらに密閉容器に入れて冷蔵で **2〜3日**。

冷凍 衣をつけて冷凍なら2週間

揚げたトンカツやコロッケは、1個ずつラップで包む。バットで急速冷凍し、密閉袋で **1か月**。卵とじなどに。

衣をつけて冷凍してもOK。凍ったまま170度の油でじっくり揚げる。**2週間**OK。

鶏のから揚げ

保存 下味をつけた状態で翌日まで

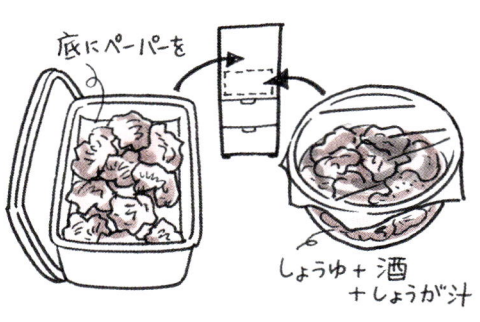

底にペーパーを

しょうゆ＋酒＋しょうが汁

揚げたから揚げは密閉容器に入れて冷蔵で **3日**。

しょうゆ、酒、しょうが汁などにつけた状態の保存は、ラップして低温室で **翌日**まで。

冷凍 揚げて冷凍して調理に工夫

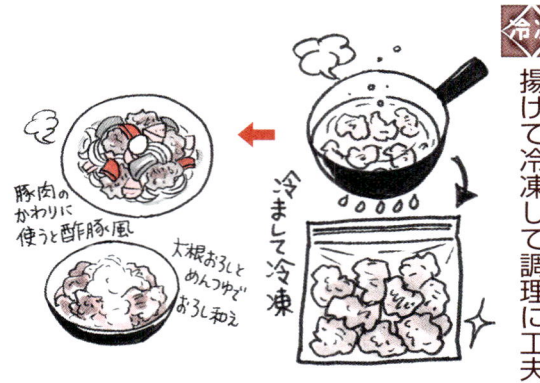

冷まして冷凍

豚肉のかわりに使うと酢豚風

大根おろしとめんつゆでおろし和え

解凍してそのまま食べてもいいが、酢豚風にアレンジしたり、大根おろしでみぞれ和えにするとおいしい。

揚げたから揚げは保存用密閉袋で冷凍で **1か月**。お弁当には凍ったまま使える。

Part 6　加工食品・乾物・おかずの章　おかず

加工食品・乾物・おかず

鶏のから揚げ・ギョウザ

ギョウザ

Cooking memo

ギョウザチャーハンに

ギョウザのタネが残ったら、チャーハンにするとおいしい。

保存

包まずタネで冷蔵する

ギョウザは皮に包むと野菜の水分が出て皮が破れやすいので、保存はダメ。タネはラップして低温室で**翌日**まで。

冷凍

包んですぐにバラ凍結がいい

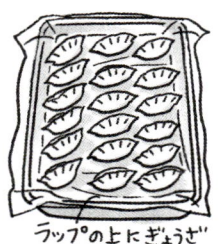

ラップの上にぎょうざ

ギョウザを包んだら、バットにラップを敷いて並べて急速冷凍するとくっつかない。

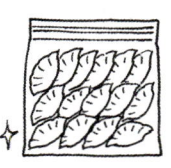

凍ったら保存用密閉袋へ。**1か月**保存OK。凍ったまま焼いたり、揚げたり、水ギョウザにしてもおいしい。

ギョウザの皮もラップに包んで冷凍OK。チーズ包み揚げなどに**1か月**利用できる。

209

シュウマイ

保存 残ったら密閉容器で冷蔵する

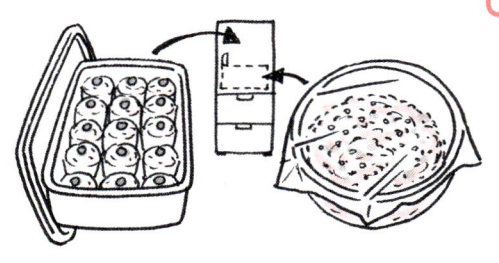

蒸したシュウマイや市販のものは、密閉容器で冷蔵。**2〜4日**OK。

シュウマイのタネはラップして低温室で**翌日**まで。

冷凍 バットに並べてフリージング

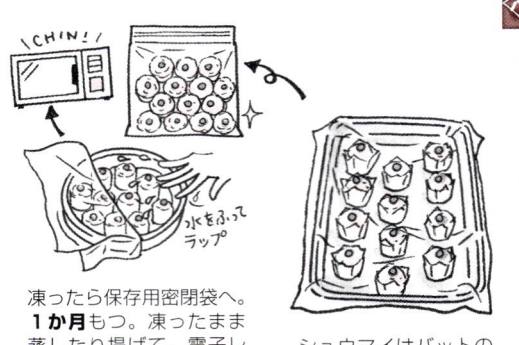

凍ったら保存用密閉袋へ。**1か月**もつ。凍ったまま蒸したり揚げて。電子レンジにかけるなら水をふってラップする。

シュウマイはバットの上にラップを乗せて急速冷凍。

Part 6 加工食品・乾物・おかずの章 （おかず）

カレー・シチュー

保存 冷蔵庫で保存しよう

鍋ごと冷蔵するか、密閉容器に移して冷蔵で**3〜4日**。

ガスレンジの上に鍋を置いておくと傷みやすい。

冷凍 ジャガイモはマッシュする

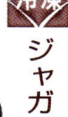

保存用密閉袋で冷凍で**1か月**。自然解凍してから鍋に入れて加熱する。

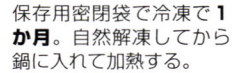

カレーやシチューを冷凍するときは、ジャガイモをフォークでつぶしておく。大きなニンジンは取り出す。

肉じゃが

冷凍 ジャガイモをつぶして冷凍する

肉じゃがコロッケ / お焼き

ジャガイモはフォークなどでつぶして冷凍。解凍してコロッケにしたり、卵を加えてお焼きに。**1か月**OK。

保存 密閉容器で冷蔵する

2～3日

残った肉じゃがは、密閉容器に移して冷蔵庫へ。**2～3日**で食べる。

きんぴらごぼう

冷凍 小分けしてフリージング

お弁当に便利

ラップに小分けして冷凍。アルミカップに入れて密閉容器で冷凍すれば、凍ったままお弁当に**1か月**OK。

保存 冷蔵保存なら1週間OK

1週間

密閉容器に入れて冷蔵。約**1週間**保存できる。

Part 6 加工食品・乾物・おかずの章 おかず

加工食品・乾物・おかず

肉じゃが・きんぴらごぼう・ひじきの煮物・切り干し大根の煮物

ひじきの煮物

冷凍 使いやすい分量に分けておこう

ラップに小分けして冷凍で**1か月**。解凍してごはんに混ぜれば、ひじきごはんがすぐできる。

保存 乾燥を防いで冷蔵保存

1週間

密閉容器に移して冷蔵庫へ。**1週間**ほど大丈夫。

切り干し大根の煮物

冷凍 解凍は自然解凍か電子レンジで

CHIN!

使いやすい分量にラップで包んで冷凍で**1か月**。自然解凍のほか、電子レンジで加熱してもOK。

保存 密閉容器で冷蔵して1週間

密閉容器に入れて冷蔵する。**1週間**ほどOK。

むし鶏

保存 密閉容器に入れて冷蔵する

鶏肉を耐熱容器に入れ、しょうが、ネギの青い部分を上に乗せ、酒をふってラップして電子レンジで加熱する。

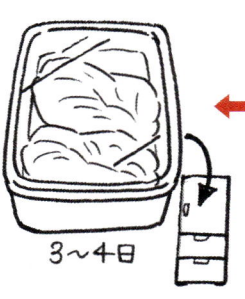

完全に冷めたら、密閉容器に入れて冷蔵。**3〜4日**保存可能。

冷凍 細かくさいてフリージング

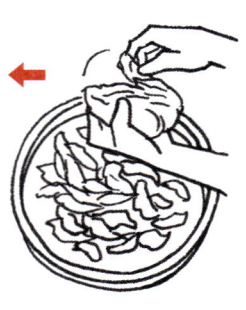

むし鶏は使いやすいように、細かくさいておく。

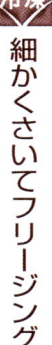

ラップで小分けしてバットで急速冷凍し、密閉袋で**1か月**。自然解凍でバンバンジーや、サラダなどに。

Part 6 加工食品・乾物・おかずの章 おかず

加工食品・乾物・おかず

むし鶏・ゆで豚

ゆで豚

保存 かたまりのまま冷蔵しよう

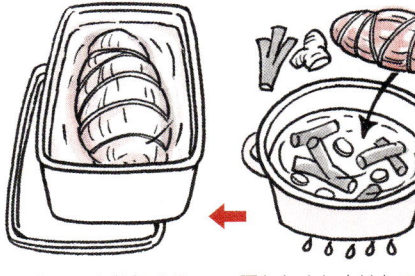

豚かたまり肉はたこ糸でしばり、しょうが、ネギの青い部分と一緒にしっかりゆでる。

切り分けると乾燥するので、かたまりのまま、ゆで汁ごと密閉容器で冷蔵。**3〜4日**OK。

冷凍 薄切りにしておくと使いやすい

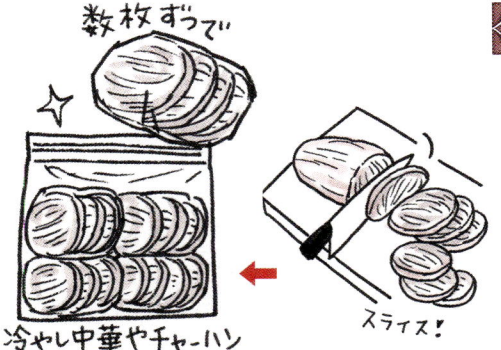

ゆで豚は薄切りにしておく。

スライス！

数枚ずつで

冷やし中華やチャーハン 用途いろいろ

適量ずつラップに包んで冷凍。密閉袋で**1か月**。しょうゆなどをつけてそのまま食べるほか、和え物や炒め物の具に。

215

天ぷら

冷凍 解凍して天丼などに利用

1個ずつラップして冷凍。凍ったままめんつゆで煮て、天丼などに。密閉袋で**2週間**OK。

保存 余ったらラップして冷蔵庫へ

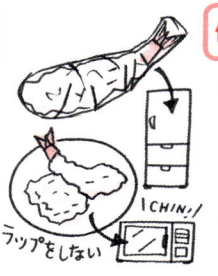

ラップで包んで冷蔵で**2〜3日**。あたためるときは、ラップをせずに電子レンジにかけるか、オーブントースターで焼いてもOK。

サンドウィッチ・ピザトースト

ピザトーストは冷凍OK。ピザソースに具やピザチーズを乗せ、ラップして冷凍。凍ったままオーブントースターで焼く。密閉袋で**2〜3週間**OK。

冷凍 具を工夫すれば丸ごと冷凍OK

サンドウィッチはレタスやキュウリなど食感が変わる具をさけ、ハム、卵、マヨネーズ、ジャムなどなら冷凍OK。密閉袋で**2〜3週間**OK。

Part 7

調味料・お菓子・飲料 の章

「塩・マヨネーズ・和菓子・緑茶・コーヒー…」
賢く湿気を防いで味と風味を閉じ込めよう!

塩

保存 使う分だけ少しずつ出す

湿って固まった塩は、電子レンジにラップなしで入れて約20秒加熱すればサラサラに。

普段使う分は容器に入れ替え、残りは袋を密閉。冷暗所で長期保存できる。未開封なら半永久的に保存可能。

砂糖・はちみつ

保存 砂糖は湿気を防ぐのがコツ！

はちみつは、低温だと糖分が結晶し、冷蔵は不向き。冷暗所で **2年**。結晶は湯せんまたは電子レンジで溶ける。

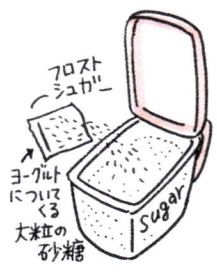

砂糖は、開封後はゴムでとめて冷暗所へ。シュガーポットの分はフロストシュガーを混ぜると固まらない。未開封なら半永久的に保存可能。

Part 7 調味料・お菓子・飲料の章 調味料

しょうゆ・ソース

保存

冷蔵するのがおすすめ

開封後は冷蔵で**1か月**。キャップ周囲からカビがでやすいので、口の周りはいつもきれいに。

開封前のしょうゆは常温で**1年半**。開封後は常温で**1か月**もつが、野菜室で冷蔵するのがベター。

酢・みりん

保存

酢は開封後は冷蔵がおすすめ

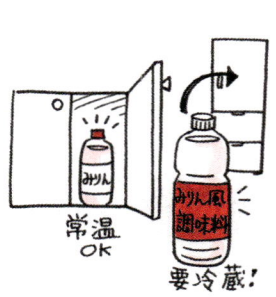

みりんは冷蔵すると糖分の結晶が白く出ることも。冷暗所で**半年**。みりん風調味料は要冷蔵。

酢は開封前は常温で**2年**。開封後は常温で**半年**、冷蔵すれば約**1年**。

みそ

保存 空気に触れさせないのがコツ

使ったら表面を平らにしてラップで覆う。フタをして冷蔵庫へ。

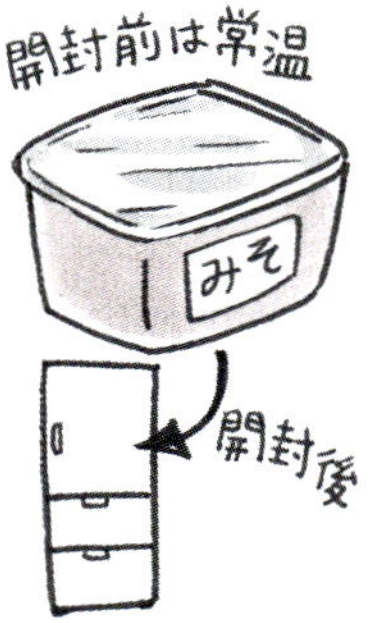

開封前は常温で**半年**、開封したら風味を損なわないように冷蔵で**2～3か月**。

マヨネーズ・ケチャップ

保存 空気を抜いてドアポケットに

開封後は冷蔵庫のドアポケットに立てて約**1か月**。水分が出るので逆さに立てないこと。

低温だと分離するので、冷蔵庫のドアポケットに。空気を抜くのがコツ。約**1か月**OK。

Part 7 調味料・お菓子・飲料の章 （調味料）

サラダ油

保存 冷暗所で酸化を防ごう

冷暗所で保存

揚げ油は熱いうちにこし、専用ポットに入れ冷暗所へ。保存の目安は2〜3回使用で**1か月**程度。

缶は開封後はアルミホイルでフタをする

冷暗所で缶・ビンは**2年**、プラスチック容器は**1年**。開封後は常温で**2か月**。

ドレッシング・ポン酢

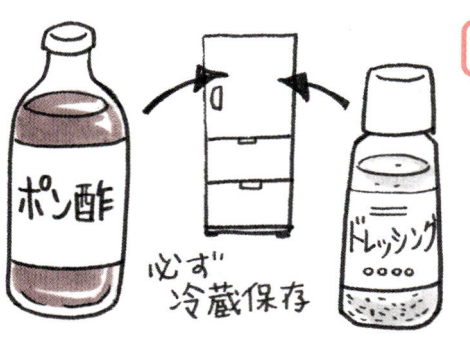

保存 開けたらかならず冷蔵庫へ！

必ず冷蔵保存

ポン酢は、開封前は常温、開封後はかならず冷蔵して約**1か月**。

ドレッシングは、開封前は**半年**、開封後は油脂の酸化を防ぐため冷蔵して**1か月**。

小麦粉・片栗粉

冷凍 冷凍なら変質を防げる

冷凍すると、変質せずに保存が可能。**1年**はOK。

保存 常温保存で1年OK

小麦粉、片栗粉は、湿気と虫を防ぐため、袋ごと保存用密閉袋に入れ冷暗所で約**1年**。

パン粉

冷凍 空気を抜いて冷凍

保存用密閉袋に入れて空気を抜き密閉して冷凍。約**3か月**。

保存 しっかり密閉して冷蔵

開封したらゴムで口を閉じ、ポリ袋に入れて冷蔵。乾燥パン粉は**1か月**、生は**2週間**。

Part 7 調味料・お菓子・飲料の章 （調味料・粉類）

調味料・お菓子・飲料

小麦粉・片栗粉・パン粉・スパイス・カレーやシチューのルウ

スパイス

保存 密閉して香りをキープ

冷凍 ビンのままフリージングOK

常温or冷蔵

長期保存は冷凍がベター。市販のビンごと冷で**1年**OK。

ビンや密閉できるパックで冷暗所で**1年**。冷蔵保存でもよい。コンロの近くなどはさける。

カレーやシチューのルウ

保存 開封したら冷蔵庫へ

冷凍 使いかけは冷凍もできる

使いかけのルウはラップして冷凍もできる。**2～3か月**OK。

開封前のもの、密閉されたパック入りは冷暗所で保存。**1年**OK。

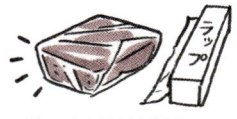

使いかけは油脂分の酸化を防ぐため、ラップで包み密閉して冷蔵で**2か月**。

だしのもと・だし汁・スープストック

保存 湿気を防いで長持ちさせる

だし汁、鶏ガラスープは、冷蔵すれば 3 〜 4 日はもつ。

顆粒のだしの素やスープの素は、ガラスのビンなどに移して湿気を防げば常温で 1 年 OK。ブイヨンやコンソメ

冷凍 冷凍すれば 1 か月 OK

スープストックは紙パックで冷凍。解凍はパックを破り、少量の水を加えて加熱。1 か月 OK。

だし汁は製氷皿で冷凍。凍ったら保存用密閉袋に入れれば、必要なだけ使いやすい。1 か月 OK。

Part 7 調味料・お菓子・飲料の章 調味料・お菓子

お菓子・飲料 調味料

だしのもと・だし汁・スープストック・和菓子・洋菓子

和菓子

冷凍 1個ずつラップして冷凍

寒天を使っていないものは冷凍可。ラップして密閉袋に入れ約 **1か月**。自然解凍でいただく。

保存 おいしいうちに食べきる

冷蔵すると固くなるので、密閉容器に入れて冷暗所へ。**1〜2日**で食べきる。

洋菓子

冷凍 そのまま冷凍OK

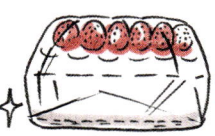

ケーキ類はラップで包むか密閉容器に入れて冷凍で **1か月**。

プリン、カスタードクリーム入りのケーキは冷凍できない。

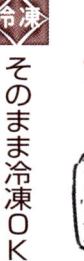

保存 クリームのケーキは早めに！

ケーキは冷蔵で **1〜2日**、クリームを使っていないパウンドケーキなどは、開封後冷蔵で **4〜5日**。

せんべい

保存 湿気を防いでおいしく！

湿気たせんべいは、キッチンペーパーにのせて電子レンジで加熱すればパリッと！

封をして常温保存。賞味期間を目安にする。密閉容器に移して乾燥剤を入れれば長持ち。

クッキー

冷凍 市販品もタネも冷凍OK

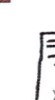

保存 密閉して湿気させない！

保存用密閉袋で冷凍、自然解凍で。クッキーのタネはラップに包んで冷凍可。半解凍してから輪切りにして焼く。**1か月**OK。

開封したら密閉できる容器や袋に入れ、乾燥剤を入れ、**2週間**以内に食べきる。

Part 7 調味料・お菓子・飲料の章 お菓子

チョコレート

冷凍 解凍はゆっくりと

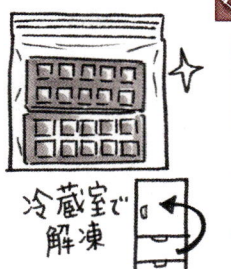

チョコレートはそのまま冷凍で **1年**OK。冷蔵庫内でゆっくり解凍。

保存 低温すぎない野菜室がベスト

夏場は常温だと柔らかくなるので、冷蔵保存がおすすめ。15度前後の野菜室がベスト。**1年**OK。

スナック菓子・ホットケーキ

冷凍 ホットケーキは冷凍OK

ホットケーキは1枚ずつラップで包み、密閉袋で冷凍すれば**1か月**OK。

保存 スナック菓子は湿気を防ぐ

スナック菓子を開封したら、口をしっかりとめて密閉保存。湿気と酸化を防いで**2日**以内に食べる。

紙パック・ペットボトル飲料

冷凍 ジュース類をシャーベット風に

保存 開封したら早めに飲みきる

ジュース類は冷蔵庫に入れ、賞味期限を目安に早めに飲み切る。

オレンジやリンゴなどフルーツジュースは、密閉容器で冷凍。固まる前に何回かかき混ぜるとシャーベットに。**1か月**OK。

ペットボトルの水は未開封なら常温で**1年**。開けたら冷蔵で約**1週間**。

缶・ビン飲料

冷凍 缶ジュースの冷凍もOK

保存 開けたら冷蔵庫へ！

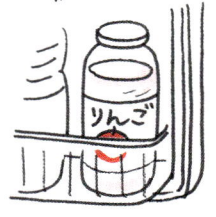

凍ったまま持っていこう
他の食品の保冷剤にもなる！

開けたら

炭酸飲料でなければ、缶ジュースも冷凍で**1年**OK。自然解凍で。

未開封のジュースは**3か月〜半年**は常温でOKだが、賞味期限を参考に。開封後は冷蔵保存で**1週間**以内。

Part 7 調味料・お菓子・飲料の章 　飲料

緑茶・紅茶・中国茶（茶葉）

調味料・お菓子・飲料

紙パック・ペットボトル飲料・缶・ビン飲料・緑茶・紅茶・中国茶（茶葉）

保存 長期保存は未開封で！

開封したら口を閉めて密閉し、湿気のない冷暗所に保存して約 **1か月**。冷蔵すれば **2〜3か月**。

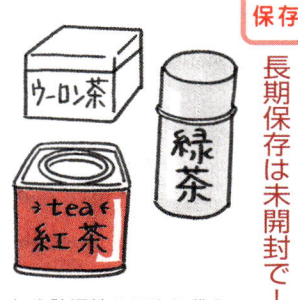

缶や防湿性のアルミ袋入りの未開封の茶葉は、緑茶が **1年**、紅茶、中国茶が **3年**。

冷凍 茶葉も冷凍でおいしく

1か月分だけ出しておき、残りを冷凍してもOK。保存用密閉袋に入れる。

未開封のまま冷凍すれば、風味を保ったまま **1年** OK。使うときは室温に戻してから開封。

コーヒー

保存 しっかり密封がポイント！

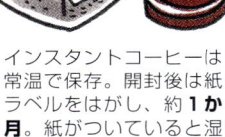

輪ゴムなどでしっかりとめる！

インスタントコーヒーは常温で保存。開封後は紙ラベルをはがし、約 **1 か月**。紙がついていると湿気の原因に。

開封したら豆、粉ともに密封して冷蔵で約 **1 か月**。豆はドリップ直前に挽くとよい。

冷凍 フリージングで風味を保つ

挽いたコーヒーやインスタントはアルミ袋のままか、開封したものは保存用密閉袋で冷凍。**2〜3 か月** OK。

豆は低温保存向き。缶やアルミ袋のまま冷凍で **2〜3 か月**。

Part 7　調味料・お菓子・飲料の章　飲料

酒

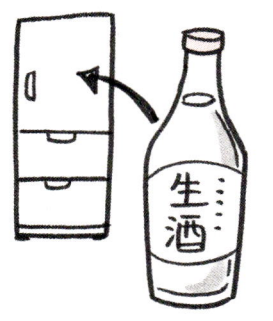

保存　種類に合った保存法で！

日本酒の生酒、要冷蔵とあるものは冷蔵庫へ。

日本酒、焼酎、ビールなど、未開栓のビン、缶類は、光があたらない冷暗所で保存。

10〜15℃がGood

ワインは10〜15度が理想。野菜室に寝かせて保存がおすすめ。

常温でOK！

ウイスキー、ブランデーなどの蒸留酒は開栓後も常温でOK。

調味料・お菓子・飲料

コーヒー・酒

231

保存に役立つ便利グッズ

保存用密閉袋

チャック付きポリ袋は、中の空気を抜いて、密閉できるのが特徴。液体も保存でき、冷凍時に気になる酸化を防いでくれる。フリージングにとても便利。

ラップ

食品に密着するラップは保存の必需品。ただし、汁が出るものはもれやすい。また、冷凍すると破れやすいので、密閉容器や保存用密閉袋と併用するのがおすすめ。

ポリ袋

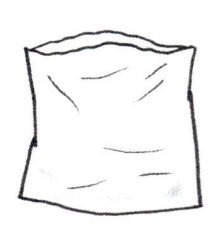

1週間程度の冷蔵保存や冷凍保存、野菜室での野菜の保存などに向いている。口をしっかり閉じて空気を遮断するのが長持ちさせるポイント。

密閉容器

冷蔵保存に活躍。熱伝導が悪いので、フリージングさせるときには向かないが、凍ったものを入れて保存するには適している。洗って繰り返し使えるので環境にもやさしい。プラスチック製、ガラス製、ステンレス製などがある。そのまま電子レンジにかけられるものが便利。

野菜用保存袋

野菜専用の保存袋は、野菜の老化ホルモンであるエチレンガスを取り除くため、野菜が長持ちする。洗って再利用もできる。

新聞紙

土付き野菜や丸ごと野菜を保存するときに包んで使う。湿度が必要な素材には、新聞紙を湿らせて利用するとよい。

アルミホイル

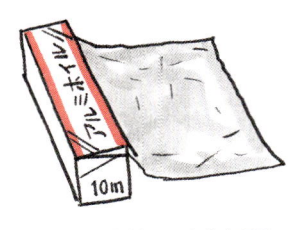

光と空気を遮断して酸化を予防する。熱伝導がよいので、急速冷凍のとき、素材を包んで凍らせるのに向いている。

吸水シート＆ペーパータオル

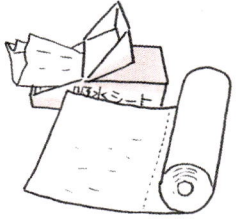

汁が出るものを包んで使う。また、湿度が必要な素材には、シートを湿らせて包む方法が便利。

バット

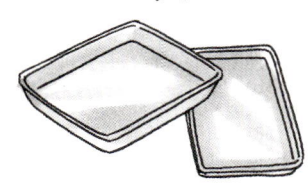

熱伝導がよいので、急速冷凍をさせるときに大活躍。バットの上に凍らせたい素材を入れて冷凍する。

干しエビ　204
　　　干ししいたけ　203

わ　ワカメ　204

おかず・調理品

か　カレー　211
　　　ギョウザ　209
　　　切り干し大根の煮物　213
　　　きんぴらごぼう　212
　　　コロッケ　207

さ　サンドウィッチ　216
　　　シチュー　211
　　　シュウマイ　210

た　天ぷら　216
　　　トンカツ　207
　　　鶏のから揚げ　208

な　肉じゃが　212

は　ハンバーグ　206
　　　ピザトースト　216
　　　ひじきの煮物　213

ま　むし鶏　214

や　ゆで豚　215

ら　レトルト食品　205
　　　冷凍食品　205

調味料・粉類

か　カレールウ　223
　　　片栗粉　222
　　　ケチャップ　220
　　　小麦粉　222

さ　サラダ油　221
　　　砂糖　218
　　　塩　218
　　　シチューのルウ　223

　　　しょうゆ　219
　　　酢　219
　　　スパイス　223
　　　スープストック　224
　　　ソース　219

た　だし汁　224
　　　だしのもと　224
　　　ドレッシング　221

は　はちみつ　218
　　　パン粉　222
　　　ポン酢　221

ま　マヨネーズ　220
　　　みそ　220
　　　みりん　219

お菓子・飲料

か　紙パック飲料　228
　　　缶飲料　228
　　　クッキー　226
　　　コーヒー　230
　　　紅茶（茶葉）　229

さ　酒　231
　　　スナック菓子　227
　　　せんべい　226

た　中国茶（茶葉）229
　　　チョコレート　227

は　ビン飲料　228
　　　ペットボトル飲料　228
　　　ホットケーキ　227

や　洋菓子　225

ら　緑茶（茶葉）　229

わ　和菓子　225

は	パイナップル 174		チーズ 190
	バナナ 172	な	生クリーム 189
	パパイヤ 173		
	ビワ 167	は	バター 189
	ブドウ 165		
	ブルーベリー 161	ま	マーガリン 189
ま	マンゴー 173	や	ヨーグルト 190

加工食品・乾物

- ま マンゴー 173
  みかん 164
  メロン 166
  モモ 167

- や ユズ 169

- ら リンゴ 170
  レモン 169

ごはん・パン・めん・主食類

- あ いなりずし 184
  お好み焼き 185
  おにぎり 184

- か 乾めん 183
  米 178
  ごはん 176
  五目ずし 184

- た 炊きこみごはん 185
  チャーハン 185

- な 生めん 182

- は パン 180

- ま もち 179

- や 焼きおにぎり 184
  ゆでめん 182

卵・乳製品

- か 牛乳 188

- た 卵 186

加工食品・乾物

- あ あんこ 195
  厚あげ 194
  油あげ 193
  おから 195

- か 缶詰 199
  かんぴょう 204
  乾物全般 200
  がんもどき 194
  キクラゲ 204
  切り干し大根 202
  けずりぶし 204
  高野豆腐 202
  コンニャク 197
  昆布 204

- さ 酒かす 196
  しらたき 197

- た 大豆 195
  漬け物 198
  豆腐 192

- な 納豆 196
  煮干し 204
  のり 201

- は 春雨 203
  ひじき 201
  ビン詰 199
  ビーフン 203
  麩 204

	グリーンアスパラガス 119	は	白菜 116
	グリーンピース 142		パセリ 149
	クレソン 123		パプリカ 99
	クワイ 135		ハーブ 151
	小松菜 110		万能ねぎ 145
	ゴボウ 133		ピーマン 99
	ゴーヤ 107		ふき 125
			ブロッコリー 104
さ	サツマイモ 137		ほうれん草 110
	サトイモ 138		
	サニーレタス 118	ま	まいたけ 155
	サラダ菜 118		マッシュルーム 156
	さやいんげん 141		水菜 111
	しいたけ 153		三つ葉 150
	シシトウ 109		ミニトマト 102
	シソ 148		みょうが 150
	しめじ 154		モヤシ 126
	ジャガイモ 136		モロヘイヤ 124
	春菊 111		
	しょうが 146	や	ヤマイモ 139
	ズッキーニ 108		ヤマトイモ 139
	スナップエンドウ 142		ゆり根 135
	スプラウト 127		
	セリ 123	ら	レタス 118
	セロリ 120		レンコン 134
	そら豆 143		
		わ	ワサビ 149
た	ダイコン 130		
	タケノコ 122	**果物**	
	タマネギ 128		
	チンゲンサイ 113	あ	アボカド 168
	とうがん 108		いちご 159
	トウモロコシ 106		オレンジ 163
	トマト 102		
		か	柿 160
な	長ねぎ 144		キウィフルーツ 161
	ナス 100		栗 171
	菜の花 112		グレープフルーツ 163
	なめこ 156		
	ニラ 121	さ	サクランボ 162
	ニンジン 129		すいか 166
	ニンニク 147		
		な	なし 162

●素材別さくいん●

肉・肉加工品

あ 薄切り肉（牛肉・豚肉） 34

か 角切り肉（牛肉・豚肉） 40
   牛ステーキ肉 39
   こま切れ肉・カルビ肉（牛肉・豚肉） 36

さ スペアリブ（豚肉） 41
   ソーセージ 51

た 鶏ささみ 48
   鶏手羽先・鶏手羽元 45
   鶏もも肉・鶏胸肉 42

は ハム 52
   ひき肉（牛肉・豚肉・鶏肉） 46
   豚厚切り肉 38
   豚かたまり肉 44
   ベーコン 50

ら レバー（牛肉・豚肉・鶏肉） 49

魚介類・魚加工品

あ アサリ 79
   アジ 56
   アユ 65
   イカ 82
   いくら 92
   イワシ 60
   ウナギ 93
   エビ 84

か カキ 81
   カジキマグロ 71
   カツオの刺身 78
   かずのこ 92
   カニ 87
   カニかまぼこ 94
   かまぼこ 94
   カレイ 67
   キス 69

さ サケ 72
   さつまあげ 94
   サバ 64
   サンマ 62
   サーモンの刺身 77
   シジミ 79
   シシャモ 68
   しらす干し 90
   白身魚の刺身 77
   スモークサーモン 93

た タイ 66
   タコ 86
   タラ 74
   タラコ 91
   ちくわ 94
   漬け魚 89

は ハマグリ 79
   はんぺん 94
   干物 88
   ブリ 70
   ホタテ 80

ま マグロの刺身 76
   豆アジ 68
   明太子 91

わ ワカサギ 68

野菜

あ うど 125
   えのきだけ 152
   エリンギ 155
   枝豆 140
   オクラ 109

か かいわれ大根 127
   カブ 132
   カボチャ 105
   カリフラワー 104
   絹さや 141
   キャベツ 114
   キュウリ 98

人生を自由自在に活動する（プレイ）

人生の活動源として

いま要求される新しい気運は、最も現実的な生々しい時代に吐息する大衆の活力と活動源である。

文明はすべてを合理化し、自主的精神はますます衰退に瀕し、自由は奪われようとしている今日、プレイブックスに課せられた役割と必要は広く新鮮な願いとなろう。

いわゆる知識人にもとめる書物は数多く窺うまでもない。

本刊行は、在来の観念類型を打破し、謂わば現代生活の機能に即する潤滑油として、逞しい生命を吹込もうとするものである。

われわれの現状は、埃りと騒音に紛れ、雑踏に苛まれ、あくせく追われる仕事に、日々の不安は健全な精神生活を妨げる圧迫感となり、まさに現実はストレス症状を呈している。

プレイブックスは、それらすべてのうっ積を吹きとばし、自由闊達な活動力を培養し、勇気と自信を生みだす最も楽しいシリーズたらんことを、われわれは鋭意貫かんとするものである。

——創始者のことば—— 小澤和一

読者のみなさんへ

この本をお読みになって、特に感銘をもたれたところや、ご不満のあるところなど、忌憚のないご意見を当編集部あてにお送りください。
また、わたくしどもでは、みなさんの斬新なアイディアをお聞きしたいと思っています。
「私のアイディア」を生かしたいとお思いの方は、どしどしお寄せください。これからの企画にできるだけ反映させていきたいと考えています。採用の分には、記念品を贈呈させていただきます。
なお、お寄せいただいた個人情報は編集企画のためにのみ利用させていただきます。

青春出版社　編集部

青春新書 PLAYBOOKS

食品保存（しょくひんほぞん）の早（はや）ワザ・裏（うら）ワザ

2007年8月5日　第1刷
2008年6月10日　第3刷

編　者　　ホームライフセミナー

発行者　　小澤源太郎

責任編集　株式会社プライム涌光

電話　編集部　03(3203)2850

発行所　　東京都新宿区若松町12番1号　〒162-0056　株式会社青春出版社

電話　営業部　03(3207)1916　　振替番号　00190-7-98602

印刷・中央精版印刷　　製本・誠幸堂

ISBN978-4-413-01883-8

©Home Life Seminar 2007 Printed in Japan

本書の内容の一部あるいは全部を無断で複写(コピー)することは著作権法上認められている場合を除き、禁じられています。

大好評のロングセラー

青春新書インテリジェンス

日本人のしきたり

飯倉晴武 [編著]

667円
ISBN4-413-04046-5

青春新書インテリジェンス

日本人 数(かず)のしきたり

飯倉晴武 [編著]

700円
ISBN978-4-413-04176-8

青春新書プレイブックス

頼み方&断り方には ツボがある!

井垣利英

980円
ISBN978-4-413-01882-1

青春新書プレイブックス

決定版 身体意識を鍛える

高岡英夫

900円
ISBN978-4-413-01881-4

青春文庫

3行レシピでつくる 定食屋ごはん

杵島直美

571円
ISBN978-4-413-09368-2

お願い ページわりの関係からここでは一部の既刊本しか掲載してありません。折り込みの出版案内もご参考にご覧ください。

※上記は本体価格です。(消費税が別途加算されます)
※書名コード(ISBN)は、書店へのご注文にご利用ください。書店にない場合、電話またはFax(書名・冊数・氏名・住所・電話番号を明記)でもご注文いただけます(代金引替宅急便)。商品到着時に定価+手数料をお支払いください。
〔直販係 電話03-3203-5121 Fax03-3207-0982〕
※青春出版社のホームページでも、オンラインで書籍をお買い求めいただけます。ぜひご利用ください。〔http://www.seishun.co.jp/〕